A guide to co-op's bookkeeping & accounting

2020年4月
【改訂版】

入門

生協の経理実務

― 伝票式会計 ―

日本生活協同組合連合会 ● 編

日本生活協同組合連合会

はじめに

　本書は、生協の経理実務の入門書として1966年に『やさしい生協の簿記』として発行し、1971年にこれを全面的に書き直し『生協の伝票式経理実務』としました。その後の税制や生協法の改正などに合わせて、改訂を重ねてきました。

　この度、2019年10月1日より実施された消費税率の引き上げ・軽減税率の導入など最新の情報を盛り込んだ改訂を行いました。

　生協簿記は、取引から始まって最終的に貸借対照表、損益計算書などの決算関係書類を作成する手続きです。決算関係書類は、その生協の経営内容を表わす最も重要な書類であり、生協簿記を理解することは、これらの決算関係書類を作成する者とそれを読む者にとって欠かせないものです。

　本書は、決算関係書類の作成に主眼をおいて、初めて簿記を学習する方々を対象にした入門書です。また、日本生協連が主催する「初級経理実務学校」のテキストとしても活用しており、会員生協の方々から好評を得ています。

　生協の決算関係書類を理解する第一歩として、多くの生協の職員が本書をご活用いただくことを願います。

　2020年3月

日本生活協同組合連合会

執行役員　渉外広報本部

本 部 長　伊 藤　治 郎

第1章

生協の取引と
簿記の基礎知識

 本章の理解CHECK
*理解した項目に✔を入れましょう。

1 ☐ 生協の事業を知る

2 ☐ 簿記の目的を知る

3 ☐ 貸借対照表等式と損益計算書等式を知る

4 ☐ 勘定を理解する

5 ☐ 主な勘定科目の名称を知る

第1章 生協の取引と簿記の基礎知識

1 生協の事業

（1）法令に定める事業

　生協は多くの事業を行っていますが、生協が行うことのできる事業は、「消費生活協同組合法」（以下、「生協法」）に定められています。

▌生協法第10条

　組合は、次の事業の全部又は一部を行うことができる。

① 組合員の生活に必要な物資を購入し、これに加工し若しくは加工しないで、又は生産して組合員に供給する事業

② 組合員の生活に有用な協同施設を設置し、組合員に利用させる事業（⑥及び⑦の事業を除く。）

③ 組合員の生活の改善及び文化の向上を図る事業

④ 組合員の生活の共済を図る事業

⑤ 組合員及び組合従業員の組合事業に関する知識の向上を図る事業

⑥ 組合員に対する医療に関する事業

⑦ 高齢者、障害者等の福祉に関する事業であって組合員に利用させるもの

⑧ 前各号の事業に附帯する事業

【条文の解説】

①	「購買事業」、「加工事業」、「生産事業」のことです。購買事業は商品を仕入れ、これを組合員に供給する事業で、一般的には小売業といわれています。
②	「利用事業」のことで、冠婚葬祭や理美容に関する事業などが挙げられます。

③	「生活文化事業」と呼ばれ、カルチャーセンターなどの事業を指します。
④	生命共済、火災共済などの「共済事業」のことです。
⑤	組合員および生協職員を対象とした「教育事業」のことです。
⑥	病院・診療所の「医療事業」のことです。
⑦	介護保険サービスなどを行う「福祉事業」のことです。

（2）生協の事業の性格

　生協は、利益を得ることを目的として事業を行ってはいけません。そのことは、法律で次のように定められています。

> ▍生協法第9条
> 　組合は、その行う事業によって、その組合員及び会員に最大の奉仕をすることを目的とし、営利を目的としてその事業を行ってはならない。

　組合員が自ら出資し、運営し、利用するという生協の基本的な性格から、組合員に最大の奉仕を行うことが事業の目的であるのは当然のことです。

　しかし、生協は先に挙げたように、広範囲な事業を行うため、これには必ず経済活動が伴います。そうした経済活動を行う限りにおいては、営利を目的とする企業と変わりがないといえます。

　従って、生協は組合員奉仕の原則を堅持しながら、事業活動を将来にわたって維持・発展させていくために、一般の企業以上に努力を傾けることが大切です。

（3）生協の日常の事業活動

　生協の日常の事業活動について概観しましょう。

　生協の事業は、次図に示すように常に循環しています（購買事業を想定しています）。

生協の事業の循環

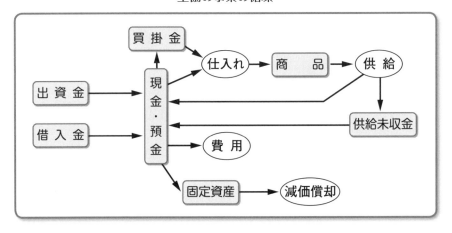

　生協の事業は、組合員から拠出された出資金（元手）から始まります。生協はそれを事業活動に運用します。

　事業活動では、まず、商品を仕入れ、組合員に供給します。お店では生協の仕入れた商品が棚に並べられ、買い物に来た組合員が購入します。また、宅配（共同購入）では、組合員の注文に基づいて商品を仕入れ、倉庫にいったん保管しますが、順次、これを組合員に配達していきます。

　供給した商品の代金は、掛代金として後日預金口座引落などで、また、お店ではその場で現金で回収します。一方で、仕入れた商品代金は、その多くが掛代金として後日、取引先に預金振込などによって支払います。

　このように、事業活動は絶えず循環を繰り返しながら発展していきます。

（4）日常の事業活動を支える経済活動

　生協は日常の事業活動以外にも、さまざまな事業に付随する活動を行っています。例えば、事業活動を行うためには、土地や建物などの固定資産が必要です。その購入のために、現金や預金を使います。購入した固定資産は土地などの一部を除き、その価値を減じながら生協の日常の事業活動を支えているのです。

　また、日常の事業活動を行うためには給与や出張の旅費、事務所の水道光

熱費などを支払います。これらも日常の事業活動を支えることになります。

それ以外にも、現金や預金が足りなくなると金融機関などから借り入れることが必要ですし、借り入れたお金はいずれ返済しなければなりません。

このように、生協の経済活動（事業活動などを数値的に表した活動）は、循環する日常の事業活動と、それを支える事業に付随する活動から成り立っていることが分かります。

2 簿記とは

（1）簿記とは

生協の事業活動や、それに付随する活動をどのように記録するのか、特に数値的に記録するには、どのようにすればよいのかを解決する方法として考え出されたのが「簿記（Bookkeeping）」です。

「簿記」という言葉は「帳簿記入」からきているといわれますが、生協で行われるすべての経済活動について、正しく記録することがこれらの出発点となります。生協で行われる複雑な事業の動きを組織的に、また継続的に記録・計算・整理する簿記の知識は、私たちにとって不可欠なものです。

ちょっとブレイク❶　　A little break

❖ 簿記のはじまり

簿記は15世紀のイタリアで考案されたといわれています。それから500年以上を経た現在でも、世界中で企業簿記などとして利用されています。日本では、江戸時代には帳簿の記録として大福帳が使われていましたが、明治時代になって福沢諭吉が米国の簿記教科書を翻訳して、日本に洋式簿記を紹介しました。

11

（2）簿記の目的

簿記は、次の3つの目的を持っています。

①事業活動の記録・計算

簿記の本来の目的であり、複雑な事業の変化を継続的に、また、組織的に正しく記録・計算・整理することです。

②経営管理のための資料提供

生協の事業が計画通り遂行されているか、克服すべき問題点は何かなど、事業の経営管理上必要な資料を提供することです。これを**「管理会計」**ということもあります。

③事業の内容と結果の報告

主として組合員に対して、生協の事業の遂行状況と財産の運用状況を報告することです。そのための書類を作成し提出します。これを**「財務会計」**ということもあります。

（3）複式簿記の必要性

簿記は、「**単式簿記**」と「**複式簿記**」に大別されます。

①単式簿記

単式簿記は簡単なために、個人・家庭の現金の出入りの記録に使われ、金銭出納帳や家計簿などがよく知られています。

②複式簿記

生協が事業を行う場合、現金や預金はもちろん、土地、建物、備品や車両など多くのものを使用します。また、商品の仕入れが掛けで行われると、後日支払うべきその金額を取引先別に把握しなければなりません。さらに、供給についても掛けで行われると、その回収すべき金額も組合員別に把握することが必要です。そこで、生協で発生するすべての財産の動きを構造的に把

握できる方法として考え出されたのが、「**複式簿記**」です。

　複式簿記は、複雑な財産の動きを二つの面から記録し、それにより計算上の誤りを発見できる仕組みです。また、取引を借方と貸方に分け（P.32〜33参照）、資産・負債・収益・費用の動きを記録していくことで、剰余金（利益）を計算し、その発生の経路を明らかにする仕組みでもあります。

　複式簿記は生協ばかりでなく、ほとんどの企業で採用されていて汎用性があり、企業簿記といえば通常、複式簿記を指します。

③　財　産

　簿記を学ぶに当たって、「**財産**」の概念を理解することは極めて大切です。

（1）資　産

　財産というと、まず「お金」つまり、現金が挙げられます。また、生協の事業で目に付くもので、例えば、商品、建物、車両、器具備品、土地などが挙げられます。これらは目で見たり、手で触れたりすることのできる具体物です。これらを総称して**「財貨」**といいます。

　しかし、財貨だけが財産ではありません。例えば、銀行預金の場合、預金通帳の残高の範囲内で引き出せば、現金に換えることができます。また、商品を掛けで供給した場合、その金額を供給未収金（企業会計では「売掛金」）といいますが、この供給未収金もいずれは回収されて現金になります。

　このように、銀行預金や供給未収金は、生協が他の人や団体から現金（またはその**「等価物」**）を受け取ることのできる**「権利」**です。これらを**「債権」**といいます。

　簿記では、財貨と債権を合わせて**「資産」**といいます。このほかにも資産に入るものがいくつかありますが、主にはこの二つが資産となります。

（2）負　債

　逆に、生協がいずれ支払わなければならない義務もあります。これを**「債務」**

といいます。例えば、銀行からお金を借りたとします。この借りたお金（借入金）は、約束した期日にその金額を返済しなければなりませんから、債務に当たります。

　簿記では債務のことを**「負債」**といいます。

（3）財　産

　簿記では、資産と負債を合わせて財産といいます。資産のことを「積極財産（プラスの財産）」、負債のことを「消極財産（マイナスの財産）」という場合もあります。

　以上をまとめれば、次図のようになります。

4　純資産

（1）純資産と資本等式

　簿記では、資産の金額から負債の金額を差し引いた残額を**「純資産（資本）」**といいます。

$$資産の額　-　負債の額　=　純資産の額$$

　この式のことを**「資本等式」**（**「純資産等式」**ともいう。）といいます。

設例 **1**

　生協の現在の財産をすべて調べた結果、次の内容であることが分かった。
純資産の金額を求めなさい。

〔資　産〕		〔負　債〕	
現　　　金	200,000	支 払 手 形	800,000
供給未収金	1,300,000	買　掛　金	1,700,000
商　　　品	1,000,000	借　入　金	500,000
建　　　物	2,000,000	負 債 合 計	3,000,000
器 具 備 品	500,000		
資 産 合 計	5,000,000		

【解答】

> 資産の合計額　5,000,000 円　－　負債の合計額　3,000,000 円
> ＝　純資産の額　2,000,000 円

　このように、純資産の額は、資産の合計額から負債の合計額を差し引くことによる、資本等式の計算結果として初めて求められます。

　資本等式からは、たとえ生協が多額の資産を持っていたとしても、同時に多額の負債を負っていたら、純資産の額は小さくなってしまいます。また、資産の合計額よりも負債の合計額の方が大きくなった場合は、純資産の額がマイナスとなります。このような状態を**「債務超過」**といいます。

（2）貸借対照表等式と貸借平均の原理

　前頁の資本等式の「負債の額」を右辺に移項すると、次の算式が成り立ちます。

$$\boxed{\text{資産の額} \ = \ \text{負債の額} \ + \ \text{純資産の額}}$$

つまり、資産の額は負債の額と純資産の額の合計額と一致します。この等式を「貸借対照表等式」といいます。このように、左辺と右辺の金額が必ず一致しなければならないルールを「貸借平均の原理」といいます。

これを設例❶の数字を当てはめて図解すると、次のようになります。

貸借対照表等式

資産 5,000,000 円	負債 3,000,000 円
	純資産 2,000,000 円

これが「貸借対照表」を表すことになります。

貸借対照表では、資産は左側(複式簿記では「借方」という。)に、負債と純資産は右側(複式簿記では「貸方」という。)に記載します。

貸借対照表は、資産や負債および純資産の一覧表を意味します。また、ある時点の資産・負債・純資産の状態を表しています。

知識の補強 1 ||||||||||||||||||||||||||||||||||||||||||||||||||||||||||||||||||||||||||||||||||||||||||||||||||||||||||||||||||||

★出資金と剰余金

資本等式によれば、純資産の額は資産の額から負債の額を差し引いた結果と述べました。

しかし、実際には、純資産の額が直接増減する場合があります。それが出資金です。出資金は、主に消費者が生協に加入するために生協に拠出するものですが、その性格は純資産と同じです。そのため、その拠出の結果、純資産の額

が増加し、同時に資産の額も同額だけ増加することになります。

例えば、生協の組合員になるために5,000円の現金出資があった場合の資本等式は、以下のようになります。

> 資産の額（現金）5,000円 － 負債の額 0円
> ＝ 純資産の額（出資金）5,000円

すなわち、この場合には純資産の増加額が直接資産の額の増加額となる、ということです。

また多くの場合、事業活動の結果、純資産の額が増加します。この増加部分を「**剰余金**」といいます。つまり、純資産の額は、出資金と剰余金から成り立っています。

知識の補強②

★自己資本と他人資本

負債は生協が金融機関など生協以外から調達したものなので、「**他人資本**」といい、純資産は生協自らが調達したもので、「**自己資本**」といいます。この他人資本と自己資本を合わせて「**総資本**」という場合もあります。

---

5 損益の計算

（1）収益と費用

簿記では、事業活動の結果として純資産のうちの剰余金が増加する要因を「**収益**」といいます。同様に、剰余金が減少する要因を「**費用**」といいます。

費用は、収益を生み出すために費やされたものです。また、この費用とは別に「**損失**」という用語もあります。損失は、例えば火災で商品が焼失した場合など、収益を生み出すこととまったく無関係に発生するものをいいます。

第1章

第2章

第3章

第4章

第5章

第6章

資料

従って、厳密には費用と損失とはその内容が異なりますが、本書では費用を損失も含めて広い意味で用います。

（2）事業年度

　生協が設立されると、その事業は継続して発展していきますから、ある期間を区切って計算する必要があります。このように区切られた期間のことを簿記では**「会計期間」**といい、通常、生協の**「事業年度」**がその会計期間となります。

　会計期間では、その期間内に資産・負債・純資産にどんな変化が生じたか、また、収益と費用がどの程度生じたのかを計算します。これを**「期間損益計算」**といい、通常、期間損益計算は会計期間ごと（＝１事業年度ごと）に行います。また、事業年度の始期（期首）と終期（期末または決算日）は、生協が定款で定めることになっています。

（3）損益計算書等式

　１会計期間内に発生したすべての収益から費用を差し引いた金額は、この期間の事業活動によってもたらされた剰余金の増加を意味します。これを**「当期剰余金」**といいます。

$$収益　－　費用　＝　当期剰余金$$

この算式を変形すると、次の算式が得られます。

$$費用　＋　当期剰余金　＝　収益$$

　この式を**「損益計算書等式」**といい、これを基に収益、費用と当期剰余金を一覧表にして表示したものが**「損益計算書」**です。

　また、収益の額より費用の額が大きくなった場合、当期剰余金はマイナスになります。これを**「当期損失金」**といいます。この場合を算式で表すと次の通りです。

$$費用 \ - \ 収益 \ = \ 当期損失金$$

これを変形して、損益計算書等式を示すと次の通りとなります。

$$費用 \ = \ 収益 \ + \ 当期損失金$$

「当期剰余金」もしくは「当期損失金」が生じた場合を図解すると、次図のようになります。

損益計算書等式

費用	収益
当期剰余金	

損益計算書等式

費用	収益
	当期損失金

（4）財産法と損益法

当期剰余金の計算方法として、財産法と損益法があります。

①財産法

貸借対照表の期末の純資産から期首の純資産を差し引いて、当期剰余金を求める計算方法です。

ただし、財産法では、期末と期首の純資産が分かれば当期剰余金が計算できますが、当期剰余金の生じた原因についてまでは明らかになりません。

設例 **2**

次の場合における当期剰余金を求めなさい。

期 首 資 産：80 　　期 末 資 産：85
期 首 負 債：30 　　期 末 負 債：30

【解答】
① 生協の期首の資本等式

> （期首）資産 80 － （期首）負債 30 ＝ （期首）純資産 50

② 期末の資本等式

> （期末）資産 85 － （期末）負債 30 ＝ （期末）純資産 55

③ 当期剰余金の算出

> （期末）純資産 55 － （期首）純資産 50 ＝ 当期剰余金 5

②損益法

収益から費用を差し引いて当期剰余金を求める方法です。

設例 3

次の場合における当期剰余金を求めなさい。

期 首 資 産：80	収　　益：83
期 首 負 債：30	費　　用：78
期 首 純 資 産：50	

【解答】

$$収益 83 － 費用 78 ＝ 当期剰余金 5$$

　収益は、一事業年度の当期剰余金のすべての増加要因を加算したものです。同様に、費用は一事業年度の当期剰余金のすべての減少要因を加算したものです。つまり、当期剰余金の増加要因と減少要因を対比させて計算するので、その発生経過を明確にすることができます。

　なお、当期剰余金という同じ算出項目を、財産法・損益法と別の角度で計算しているのですから、両計算の結果は一致しなければなりません。

6 簿記の記帳のための勘定

（1）勘定と勘定科目

　簿記では、取引の記録を資産・負債・純資産ならびに収益・費用という5つの項目に分類し、計算します。しかし、これらの項目だけでは管理がしづらいので、さらに、種類・内容・発生原因の異なるごとに分類し、それぞれの増減・変化を明瞭に記録・計算するために、「勘定」という道具を用います。

また、勘定はその計算単位ごとに設定します。

　特に、勘定を区別するために、それぞれの勘定には名称が与えられます。これを**「勘定科目」**といいますが、単に**「科目」**ということもあります。例えば、現金の取引であれば「現金勘定」に、掛代金の取引であれば「供給未収金勘定」（企業会計では「売掛金勘定」）に、銀行からの借り入れをした場合には「短期借入金勘定」に、組合員に商品を供給した場合には「供給高勘定」（企業会計では「売上高勘定」）に、といった具合に特定取引について、それぞれ記録していくことになります。

（注）勘定を英語ではアカウント（Account）というので、a／cという略字が使われます。例えば、「現金a／c」などといいます。また、勘定に勘定科目を付けたものを**「勘定口座」**といい、これは取引を記録する場所のことを意味します。

　勘定は簿記の細胞組織ともいわれ、簿記は多数の勘定から成り立っています。また、勘定科目は業種や規模によって異なりますが、生協では、本書巻末にある「生協法施行規則」の様式例等によって決められています。

（2）資産の勘定

大区分	中区分	小区分	具体的な勘定科目
資産	流動資産	当座資産	現金・預金、供給未収金など
		棚卸資産	商品、製品、材料および貯蔵品など
		その他流動資産	前払費用、未収金、仮払金など
	固定資産	有形固定資産	建物、車両運搬具、器具備品、土地など
		無形固定資産	借地権、借家権、ソフトウエアなど
		その他固定資産	関係団体等出資金、差入保証金、長期前払費用など
	繰延資産		創業費など

①流動資産と固定資産の区分

　資産は、大きくは**「流動資産」**と**「固定資産」**に分かれます。この流動と固定に分けるための基準は２つあります。

（注）**「繰延資産」**は流動資産や固定資産とその性格が異なるため、流動や固定に分けません。

22

イ　取引循環基準（営業循環基準）

　正常の取引の循環過程で生じる、例えば商品の仕入れや供給、それに伴う支払い・回収の循環（「取引循環」という。）の過程にあるものはすべて流動資産とする、というものです。従って、供給未収金を回収するのに1年以上かかるとしても、それが生協の正常な取引の循環過程で生じたものであれば、流動資産として記録します。

知識の補強❸

　取引循環とは、生協の事業活動による取引が循環していることをいいます。例えば、商品を掛けで仕入れれば買掛金という勘定が生じ、それを倉庫に在庫すれば棚卸資産という勘定が生じます。その商品を組合員に掛けで供給すれば供給未収金という勘定が生じ、それを回収すれば現金・預金という勘定が生じます。これらの流れを図解すれば、次図のようになります。

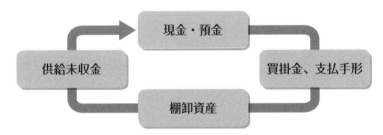

ロ　1年基準（ワンイヤールール）

　決算日の翌日から起算して1年以内に現金として回収される資産を流動資産、1年を超えて回収される資産を固定資産とします。

ハ　流動と固定の区分基準の適用順序

　イとロの2つの基準は、まず取引循環基準に基づいて、流動資産が選択されます。取引循環基準が適用されない勘定科目については、1年基準により流動資産と固定資産の判別がされます。

②流動資産

　現金・預金、供給未収金、商品などが含まれます。このうち、現金および
すぐに現金化されるものを「**当座資産**」といいます。これには、現金・預金、
供給未収金などが含まれます。

　また、流動資産のうち、商品、製品、材料および貯蔵品などのことを「**棚
卸資産**」といいます。貯蔵品とは、商品の包装紙、包装材料や事務用消耗品
などの手許有高のことです。

③固定資産

　長期間、事業活動のために継続的に使用される資産です。固定資産は、「**有
形固定資産**」、「**無形固定資産**」、「**その他固定資産**」に分かれます。

　「有形固定資産」は文字通り形があるもので、「無形固定資産」は形はない
が、法律上の権利（請求権、利用権）として認められる資産のことです。

　「その他固定資産」は、有形固定資産、無形固定資産以外の固定資産です。

知識の補強 ④

★流動資産と固定資産の区分の注意点

　流動資産と固定資産の区分について、いくつかの注意点があります。

　第1に、土地や建物を商品として供給している住宅生協や、自動車などを商
品として供給している生協の場合、これらは供給を目的とした商品として取り
扱われるので、土地や建物や車両であっても流動資産として取り扱います。

　第2に、1年を超える定期預金などは、1年基準に従って固定資産として取
り扱われますが、決算日の翌日から1年以内にその満期が到来するときは、流
動資産に振り替えるのが原則的な取り扱いです。

　第3に、供給未収金や割賦未収金には1年を超えても回収されないものが出
てきます。また、商品の在庫期間が1年を超えるものがありますが、取引循環
過程にある資産は、たとえ1年を超えても、流動資産として取り扱います。

④繰延資産

　例えば、創業費などのように、生協の設立に際して支出した費用や、設立後事業開始までに支出した開業準備のための費用は、開始年度後も生協の将来の収益のために貢献する費用です。このため、いったん資産としての計上が認められています。こうした資産を繰延資産といいますが、生協ではあまり発生しません。

（3）負債の勘定

大区分	中区分	具体的な勘定科目
負債	流動負債	支払手形、買掛金（仕入未払金）、短期借入金、未払金、未払費用、預り金、賞与引当金など
	固定負債	長期借入金、長期組合員借入金、退職給付引当金など

(注) 資産の勘定のような小区分はありません。

流動負債と固定負債の区分

　負債も、「取引循環基準」と「1年基準」が適用されます。支払手形や買掛金のように取引循環の過程にあるものは、すべて流動負債とします。

　取引循環基準が適用されない勘定科目、例えば借入金などは、1年基準の適用により決算日の翌日から1年以内に現金として支払わなければならないものを流動負債、1年を超えて支払いの期限が到来するものを固定負債とします。

　なお、固定負債であっても、支払期日が決算日の翌日から1年以内になったら、原則として流動負債に振り替えます。

（4）純資産の勘定

大区分	中区分	小区分	具体的な勘定科目
純資産	組合員資本	出資金	出資金など
		剰余金	法定準備金、任意積立金など
	評価・換算差額等		その他有価証券評価差額金など

25

①組合員資本

　組合員から拠出された出資金の勘定と、事業の収益から費用を差し引いて生じた毎期の剰余金の勘定に区分されます。

②評価・換算差額等

　生協ではほとんど発生しません。

（5）収益の勘定

大区分	中区分	具体的な勘定科目
収益	事業収益	供給高、利用事業収入、福祉事業収入、その他事業収入など
	事業外収益	受取利息、受取配当金、雑収入など
	特別利益	固定資産売却益、補助金収入など

(注) 小区分はありません。

　収益の勘定は、純資産のうち当期における剰余金の増加要因となるもので、事業収益、事業外収益、特別利益に区分されます。

（6）費用の勘定

大区分	中区分	小区分	具体的な勘定科目
費用	仕入高		仕入高、仕入費用など
	事業経費	人件費	役員報酬、職員給与、退職給付費用、福利厚生費など
		物件費	教育文化費、広報費、消耗品費、車両運搬費、修繕費、施設管理費、減価償却費、地代家賃、水道光熱費、リース料、保険料、委託料、調査研究費、研修採用費、会議費、諸会費、渉外費、租税公課、通信交通費、雑費など
	事業外経費		支払利息、雑損失など
	特別損失		固定資産売却損、減損損失など

費用の勘定は、純資産のうち当期における剰余金の減少要因となるものです。費用の勘定のうち、生協本来の事業活動から生ずるものを**「事業経費」**といいます。このうち、労働の対価として生協が負担する費用を**「人件費」**、人件費以外の費用を**「物件費」**といいます。

物件費には、組合員活動関連のもの（教育文化費）、供給関連のもの（広報費、消耗品費など）、設備関連のもの（修繕費、施設管理費、減価償却費など）、その他（研修採用費、会議費、通信交通費など）があります。

A little break

✥ 用語の違い

　一般的な簿記の本などを目にすると、本書で使用する科目などの用語と異なっています。例えば、生協では経営活動で生じた剰余を「経常剰余」といいますが、一般的な簿記の本では「経常利益」と書いています。その違いの理由は、一般的な簿記では株式会社などを対象としており、本書は生協を対象としているためです。そして、株式会社は営利を目的とするため企業会計をよりどころとし、生協は営利を主目的としていないため生協法に基づく会計処理をよりどころとしているためです。

　従って、本書を学習していくと一般的な簿記の用語と異なる箇所が多々あり、戸惑うこともあるかと思います。しかし、簿記は会計処理の基本的な仕組みですので、たとえ用語に違いがあったとしても、一般的な簿記の本と本書とで本質が異なることはありません。

第1章

第2章

第3章

第4章

第5章

第6章

資料

<<<<<<< 練習問題 >>>>>>>

問1 次の文章の（ ）に当てはまる用語を入れなさい。

(1) 生協は事業活動を行うに当たり、その経済活動を正しく記録しなければならない。このために、（ ① ）という記録方法が使われる。

(2) （ ① ）には（ ② ）と（ ③ ）の二つがある。このうち前者は、個人や家庭などの現金の出入りの記録として使用される。これに対して、後者は生協や会社が、その経済活動を記録するために使用されるものである。

(3) （ ① ）では、資産の金額から負債の金額を差し引いた残りの金額を（ ④ ）という。

(4) 資本等式を変形すると、貸借対照表等式になる。そして、貸借対照表等式に示されるように、貸借対照表の借方と貸方の金額は必ず一致しなければならない。これを（ ⑤ ）という。

(5) 費用勘定のうち、生協本来の活動から生じるものを（ ⑥ ）という。このうち、労働の対価として生協が負担する費用を（ ⑦ ）という。

問2 次の文章を読んで、正しいものには○、間違っているものには×を付けなさい。

(1) 繰延資産は、1年基準が適用される。

(2) 損益計算書等式では、収益から費用を差し引いたものが当期剰余金となる。従って、収益の額が費用の額よりも大きい場合以外に考えられない。

(3) 供給未収金は、生協が組合員から現金を受け取ることができ、簿記では「財貨」と呼ばれるものである。

(4) 資産を流動資産と固定資産に区分する基準としては、取引循環基準と1年
基準がある。原則として、供給未収金が決算日の翌日から1年を超えて回収
される場合は、固定資産に記載されることになる。

(5) 資本等式から考えると、資産から負債を差し引いたものが純資産であるか
ら、もし資産よりも負債のほうが大きいとしたら、純資産はマイナスになる。

問3 以下の勘定は、流動資産、固定資産、繰延資産、流動負債、固定負債、
純資産のいずれに該当するか答えなさい。

(1) 前払費用　　(2) 未払金　　(3) 未収金　　(4) 出資金

(5) 器具備品　　(6) 借地権　　(7) 商品　　　(8) 長期前払費用

(9) 買掛金　　 (10) 長期借入金

【練習問題　解答】 ....

問1
① 簿記（P.11）　　② 単式簿記（P.12）　　③ 複式簿記（P.12）
④ 純資産（P.14）　⑤ 貸借平均の原理（P.15）　⑥ 事業経費（P.26）
⑦ 人件費（P.26）

問2

番号	解答	理由	参照頁
(1)	×	繰延資産は、その科目の性質からすべて繰延資産の部に表示される。	23
(2)	×	収益の額よりも費用の額が大きい場合があり、その場合には、損益計算書等式は「費用－収益＝当期損失金」として表される。	18
(3)	×	供給未収金は資産の一部であるが、財貨ではなく、権利（債権）である。	13
(4)	×	供給未収金が正常な取引循環過程にある限りは、取引循環基準に基づいて、流動資産に記載される。	23
(5)	○		14

〈練習問題〉

問3

番号	費目	該当するもの	参照頁
(1)	前払費用	流動資産	22
(2)	未払金	流動負債	25
(3)	未収金	流動資産	22
(4)	出資金	純資産	25
(5)	器具備品	固定資産	22
(6)	借地権	固定資産	22
(7)	商品	流動資産	22
(8)	長期前払費用	固定資産	22
(9)	買掛金	流動負債	25
(10)	長期借入金	固定負債	25

第2章

取引と仕訳

本章の理解CHECK
*理解した項目に✔を入れましょう。

1 ☐ 簿記上の取引を理解する

2 ☐ 取引要素の結合を理解する

3 ☐ 仕訳から元帳への記帳までの手順を理解する

4 ☐ 伝票による会計処理方法を知る

取引と仕訳

1 取 引

（1）取引とは

　取引とは、一般的に商品の売買だけでなく、相手方と何かの約束をすることまで含めている場合があります。しかし、簿記でいう**「取引」**は、一般的な取引とかなりの部分で一致してはいますが、同一ではありません。

　簿記では、資産・負債・純資産の金額に変化を生ずる原因（出来事）を取引と呼んでいます。純資産の金額の変化には、収益や費用の発生も含まれていることはいうまでもありません。簿記上の取引と、一般にいわれる取引との間には次のような違いがあります。

　現金を紛失したり、火事のため建物や商品が焼失したり、器具が盗まれたりした場合などは、一般に取引とはいいませんが、資産が減少し、その分損失を受けたわけですから簿記上は取引と考えます。

　反対に一般には取引に当たる場合でも、簿記上は取引でないこともあります。例えば、生協と商社が取引契約を結んだ場合は「取引が成立した」といいますが、契約だけの段階では資産・負債・純資産の金額に何も変化は生じませんので、簿記上では取引とはいいません。実際に商品が動き出し、仕入れが行われる時点で取引と考えます。また、店舗の賃貸借契約を結んだ場合も、その時点では簿記でいう取引ではありません。その後、この契約による賃貸借期間が実際に開始され、家賃を支払うか、または家賃分の未払いを計上する時点で取引となります。

（2）取引の二面性

　取引は、簿記の出発点です。資産・負債・純資産および収益・費用の動きに注目しながら、具体例を基に詳しく取引について考えていきます。

設例 **1**

次の取引を分析しなさい。

① 組合員から増資があり、現金を入金した。

〈原因〉増資があった。 ➡ 〈結果〉現金が増えた。

② 銀行からの借入金を普通預金に入金した。

〈原因〉銀行から借り入れた。 ➡ 〈結果〉普通預金が増えた。

③ 職員に給与を現金で支払った。

〈原因〉職員に給与を支払った。➡ 〈結果〉現金が減った。

④ 普通預金の利息が口座に振り込まれた。

〈原因〉利息を受け取った。 ➡ 〈結果〉普通預金が増えた。

第１章
第２章
第３章
第４章
第５章
第６章
資料

　このように、簿記上の取引には原因と結果の関係からなる「二面性」があることが分かります。これを **「取引の二面性」** といいます。つまり、取引が発生したら必ず「二面」に分解して把握することができます。

　そこで、両面を把握するために記入方法を工夫し、左側と右側に分けて複式記入することが行われます。このとき左側を **「借方」**、右側を **「貸方」** といいます。簿記の取引は、この借方と貸方でバランスを取った上で帳簿に記入していくことになります。

（3）取引要素

　簿記の取引では、資産・負債・純資産の額の変化は「増加」する、または「減少」する、といいます。これに対して、収益や費用は「発生」する、または「消滅」する、といいます。

　資産・負債・純資産の増加や収益・費用の発生を（＋）で、資産・負債・純資産の減少や収益・費用の消滅を（－）で表すことにします。次の設例で具体的に見ていきます。

設例 2

① 組合員から増資があり、現金を入金した。

> 出資金（純資産）の増加（＋）　　　現金（資産）の増加（＋）

② 銀行からの借入金を普通預金に入金した。

> 借入金（負債）の増加（＋）　　　普通預金（資産）の増加（＋）

③ 職員に給与を現金で支払った。

> 給与（費用）の発生（＋）　　　現金（資産）の減少（－）

④ 普通預金の利息が口座に振り込まれた。

> 受取利息（収益）の発生（＋）　　　普通預金（資産）の増加（＋）

　資産・負債・純資産の増加や減少、収益・費用の発生や（消滅）のことを「**取引要素**」といいます。つまり、取引要素とは簿記上どのような取引が発生したかを個々に表したものです。

取引要素は、「**借方要素**」と「**貸方要素**」の組み合わせであり、借方要素だけ、または貸方要素だけでは簿記上の取引は成立しません。

取引要素

借方要素	貸方要素
資産の増加（＋） 負債の減少（－） 純資産の減少（－） 費用の発生（＋） （収益の消滅（－））	資産の減少（－） 負債の増加（＋） 純資産の増加（＋） 収益の発生（＋） （費用の消滅（－））

（注）収益や費用の消滅は、通常の取引ではほとんど生じません。例えば、収益である供給高を修正するなど、例外的な処理をするときに生じる程度です。

この借方要素と貸方要素は、貸借対照表等式（P.15参照）と損益計算書等式（P.18参照）の「借方」と「貸方」に対応しています。

貸借対照表等式

資産（＋）	負債（＋）
	純資産（＋）

損益計算書等式

費用（＋）	収益（＋）
当期剰余金	

貸借対照表等式は「資産の額＝負債の額＋純資産の額」でした。また、損益計算書等式は「収益－費用＝当期剰余金」でした。当期剰余金は、収益から費用を差し引いて算出するので、取引要素としては登場しません。

また、収益は純資産の増加要因であり、費用は純資産の減少要因ですので、費用は図のように左側（借方）、収益は右側（貸方）にきます。

こうして、各項目の位置付けが決まるため、資産の増加は借方に、資産の減少は貸方に記載されます。

この簿記のルールは重要であり、後の「**仕訳**」につながっていきます。

次の設例**3**を使って、取引要素に従って整理してみます。

設例 **3**

① 土地を現金を支払って取得した。

借方要素	貸方要素
土地（資産）の増加（＋）	現金（資産）の減少（－）

② 銀行からの借入金を当座預金に入金した。

借方要素	貸方要素
当座預金（資産）の増加（＋）	借入金（負債）の増加（＋）

③ 生協への加入があり、出資金を現金で受け取った。

借方要素	貸方要素
現金（資産）の増加（＋）	出資金（純資産）の増加（＋）

④ 出資配当の振り込みがあり、普通預金に入金した。

借方要素	貸方要素
普通預金（資産）の増加（＋）	受取配当金（収益）の発生（＋）

⑤ 前月に掛けで仕入れた商品代金（買掛金）を現金で支払った。

借方要素	貸方要素
買掛金（負債）の減少（－）	現金（資産）の減少（－）

⑥ 前月に掛けで仕入れた商品代金（買掛金）を約束手形（支払手形）を
発行して支払った。

借方要素	貸方要素
買掛金（負債）の減少（－）	支払手形（負債）の増加（＋）

⑦ 組合員の希望で、満期となった組合債（組合員借入金）を出資金にした。

借方要素	貸方要素
組合員借入金（負債）の減少（−）	出資金（純資産）の増加（＋）

⑧　組合員が生協を脱退したので、出資金を現金で払い戻した。

借方要素	貸方要素
出資金（純資産）の減少（−）	現金（資産）の減少（−）

⑨　脱退した組合員が出資金を取りに来ないので、預り金に振り替えた。

借方要素	貸方要素
出資金（純資産）の減少（−）	預り金（負債）の増加（＋）

⑩　組合員Aが死亡し、出資金をその子Bが引き継いだ。

借方要素	貸方要素
出資金（純資産）の減少（−）	出資金（純資産）の増加（＋）

⑪　各職員の給与を普通預金から支払った。

借方要素	貸方要素
職員給与（費用）の発生（＋）	普通預金（資産）の減少（−）

⑫　包装紙（費用・消耗品費）を掛けで購入した。

借方要素	貸方要素
消耗品費（費用）の発生（＋）	未払金（負債）の増加（＋）

⑬　組合債の利息（支払利息）を、本人の希望で出資金に振り替えた。

借方要素	貸方要素
支払利息（費用）の発生（＋）	出資金（純資産）の増加（＋）

取引を分解すると、必ず借方要素と貸方要素の組み合わせになります。取引要素の組み合わせ（結合関係）をまとめたものが次図で、簿記上の取引は、これらの8つの要素の結び付きによって決まります。

取引の8要素による結合関係図

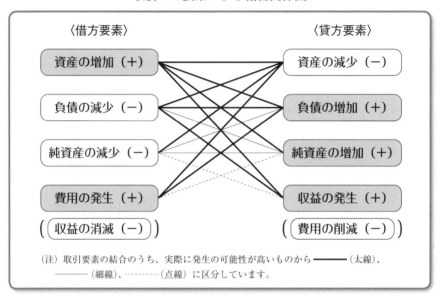

〈借方要素〉   〈貸方要素〉

資産の増加（＋）   資産の減少（－）

負債の減少（－）   負債の増加（＋）

純資産の減少（－）   純資産の増加（＋）

費用の発生（＋）   収益の発生（＋）
（収益の消滅（－））   （費用の削減（－））

(注) 取引要素の結合のうち、実際に発生の可能性が高いものから ━━━ （太線）、
──── （細線）、……… （点線）に区分しています。

知識の補強 1

★収益の消滅、費用の消滅

取引要素の結び付きで見たように、実際には収益の消滅や費用の消滅もあり得ます。しかし、これらの取引要素は費用の発生や収益の発生の範疇に含まれますので、あえて独立した取引要素として考える必要はありません。

2 仕 訳

（1）仕訳とは

　取引は、記録として残さなければなりません。このための作業が仕訳といわれるものです。仕訳は、帳簿に記入する形をとります。

　取引の発生から仕訳による帳簿への記入の流れについて、具体例を用いて見てみます。

設例 4

　生協への加入があり、現金5,000円の出資を受けた。

① 要素の決定

　　資産・負債・純資産・費用・収益のうち、どれかを決めます。

現金＝資産	出資金＝純資産

② 要素の増減と理由

　　取引の要素の増減（または発生）およびその原因と結果を決めます。

〈原因〉純資産（出資金）の増加	〈結果〉資産（現金）の増加

③ 取引要素の決定

　　借方要素か貸方要素かを決めます。

借方要素：資産の増加（＋）	貸方要素：純資産の増加（＋）

④ 勘定科目の決定

　　取引要素は「勘定口座」に記入しますので、勘定科目名を決めます。

借方要素：現金勘定	貸方要素：出資金勘定

（注）勘定科目名を覚える必要があります。

⑤ 金額の記入

第1章

第2章

第3章

第4章

第5章

第6章

資料

各勘定口座に金額を記入します。このとき借方と貸方の金額の合計は必ず一致しなければなりません。

借方要素：現金勘定　5,000円	貸方要素：出資金勘定　5,000円

⑥　仕訳

借方を（借）、貸方を（貸）と記し、勘定科目名と金額を記入します。勘定口座の「勘定」と金額単位の円は省略します。

（借）　現金　　5,000	（貸）　出資金　　5,000

設例 **5**

預金に対する利息（受取利息）5,000円が普通預金口座に入金された。

①　要素の決定

受取利息＝収益	普通預金＝資産

②　要素の増減と理由

〈原因〉収益（受取利息）の発生	〈結果〉資産（普通預金）の増加

③　取引要素の決定

借方要素：資産の増加（＋）	貸方要素：収益の発生（＋）

④　勘定科目の決定

借方要素：普通預金勘定	貸方要素：受取利息勘定

⑤　金額の記入

借方要素： 　普通預金勘定　5,000円	貸方要素： 　受取利息勘定　5,000円

⑥　仕訳

（借）　普通預金　　5,000	（貸）　受取利息　　5,000

（2）取引、仕訳の種類

取引や仕訳は、主に次のように分類できます。

①　単純取引

設例**4**～**5**の仕訳は、すべて借方1勘定科目、貸方1勘定科目でした。これを「**単純取引（仕訳）**」といいます。

②　複合取引

取引は、必ずしも単純取引とは限りません。次の仕訳を例に見てみます。

設例 **6**

銀行から借り入れしていた短期借入金1,000,000円と、その利息（支払利息）10,000円を現金で一括返済した。

①　要素の決定

資産、負債、費用の3つの要素が登場します。

短期借入金＝負債 支払利息＝費用	現金＝資産

②　要素の増減と理由

2つの原因に対し1つの結果となっています。

〈原因〉負債（短期借入金）の減少 　　　　費用（支払利息）の発生	〈結果〉資産（現金）の減少

---

③ 取引要素の決定

取引要素が借方要素2に対し貸方要素が1、つまり2対1となります。

借方要素： 　負債の減少（－） 　費用の発生（＋）	貸方要素： 　資産の減少（－）

④ 勘定科目の決定

勘定科目が2対1となります。

借方要素： 　短期借入金勘定 　支払利息勘定	貸方要素： 　現金勘定

⑤ 金額の記入

借方要素2に対し貸方要素1ですが、合計金額は左右一致します。

借方要素： 　短期借入金勘定　1,000,000円 　支払利息勘定　　　 10,000円	貸方要素： 　現金勘定　 1,010,000円

⑥ 仕訳

（借）　短期借入金　1,000,000 　　　　　支払利息　　　 10,000	（貸）　現　金　1,010,000

　この設例では、借方2科目、貸方1科目となっています。このように、複数科目による取引・仕訳のことを**「複合取引（仕訳）」**といいます。

　なお、複合取引は単純取引に分解することができます。上記の設例を分解すると次のようになります。

（借）短期借入金　1,000,000	（貸）現　金　1,000,000
（借）支払利息　　　 10,000	（貸）現　金　　　 10,000

（3）仕訳の勘定口座（Ｔ字形式）への転記

仕訳は、**「仕訳帳」**という帳簿に記録します。

しかし、仕訳帳に記録しただけでは、後から詳しく述べる貸借対照表や損益計算書は作成できません。なぜなら、仕訳帳は取引の発生の都度、記録しているだけで、これを勘定ごとに集計する手続きが必要となるからです。

このために作成するのが**「元帳」**です。元帳に、勘定科目を設けて記入する場所を**「勘定口座」**といいます。各勘定口座の記録の仕方は、仕訳と同様に、借方、貸方に記入していきます。そして、この勘定口座を集めたものが**「総勘定元帳」**です。

なお、勘定口座は簿記の学習上、**「Ｔ字形式」**で表現することが多いので、本書では以後必要に応じて、この表記を使用することにします。

各勘定口座の借方、貸方への記録は、借方要素、貸方要素の分類に従います（次図参照）。

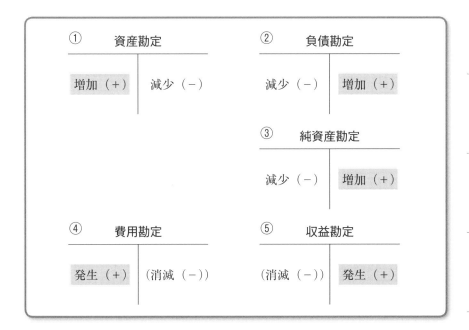

第1章

第2章

第3章

第4章

第5章

第6章

資料

43

★T字形式の様式

　T字形式に特に決まりはありませんが、簿記の学習上、元帳という帳簿をT字形式に簡易的に記入しますので、最低限、次の事項の記載が必要です。

（現金勘定の記入例）

５月10日に掛代金（供給未収金）1,000,000円を現金で回収した。

５月20日に職員給与500,000円を現金で支払った。

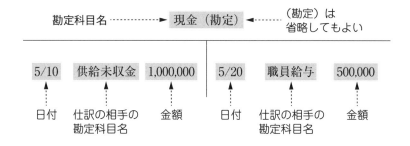

　仕訳から各勘定口座への記録の仕方は、次の手順で行います。

取引例 **1**

　20XX年５月10日に、商品供給の掛代金1,000,000円を現金で回収した。

手　順	記入の仕方
① 仕訳を行う。	（借）現金　1,000,000　（貸）供給未収金　1,000,000
② 勘定口座に記入する。	仕訳の借方の勘定はその勘定口座の借方に、仕訳の貸方の勘定はその勘定口座の貸方に、日付と金額を記入します。 　また、仕訳の相手先勘定科目名も記入します。

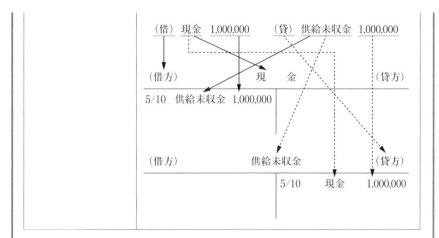

（借）現金 1,000,000 （貸）供給未収金 1,000,000

（借方）	現　金	（貸方）
5/10　供給未収金　1,000,000		

（借方）	供給未収金	（貸方）
		5/10　　現金　1,000,000

取引例 ❷

20XX年5月20日に職員給与500,000円を現金で支払った。

手　順	記入の仕方
①　仕訳を行う。	（借）職員給与　500,000　（貸）現金　500,000
②　勘定口座に記入する。	取引例❶と同様の手順を踏みます。 （借）職員給与 500,000　（貸）現金 500,000 （借方）　　　　　　　職員給与　　　　　　（貸方） 5/20　　現金　　500,000 （借方）　　　　　　　現　金　　　　　　　（貸方） 　　　　　　　　　　　5/20　　職員給与　500,000

仕訳を行ったら各勘定口座に**「転記」**しなければなりません。転記を行った各勘定口座（元帳）を基礎にして、決算書を作成します。

なお、本書では、伝票式会計を中心に簿記の技術を学習しますが、その仕組みは、仕訳から各勘定口座への転記の仕方と変わりません。ただし、伝票式会計の方が、より簡略化された形式で行われることになります。

知識の補強 3

★借方合計と貸方合計と残高

日々の現金取引を仕訳により記録し、現金勘定口座に転記していった結果、期末に現金勘定口座が次のような状態になったとします。

（借方）		現　　金		（貸方）
4/10	供給未収金	1,000,000	4/20　職員給与	500,000
5/10	供給未収金	500,000	5/20　水道光熱費	300,000

借方合計は1,500,000円、貸方合計は800,000円、その差額700,000円が現金勘定の残高になります。現金は資産勘定ですので、期末時点において資産が700,000円あることを表します。

3　会計帳簿

（1）帳簿と証憑、伝票式会計制度

①　帳簿と証憑

簿記では、一切の取引を継続的・組織的に記録・計算・表示するためにまとめた紙片を**「帳簿」**といいます。コンピューターの磁気媒体などに記録されたものも、これに含まれます。

会計帳簿を作成するためには、基礎的な資料が必要です。この資料を**「証**

憑」といいます。

　証憑とは、取引に伴って作成、授受される原始資料や証拠書類のことで、請求書、領収書、注文書、納品書、送り状などがあります。証憑は簿記の出発点となるとともに、記録された取引を証拠立てる大切な書類です。従って、証憑は、帳簿の記録と関連付けて、整理し保管しておかなければなりません。

② 伝票式会計制度

　㋑　ワン・ライティング

　　取引が発生したら仕訳を行い、「**仕訳伝票**」に記入します。仕訳伝票は、「**仕訳原票**」、「**借方票**」、「**貸方票**」の３枚からなる複写式伝票で、仕訳原票に記入すると３枚の伝票に同様に記されます(次頁参照)。これを「**ワン・ライティング**」といい、この方法により経理の実務作業を効率的に行うことができます。なお、最近はパソコンに取引の内容を直接入力する方法が主流です。

　㋺　３枚の伝票

　　１枚目の仕訳原票は、文字通り原票として取引の発生順（日付順）に整理、保存します。さらに、No.の欄に連番を打って整理します。それにより伝票式の欠点となっている伝票の散逸を起こさずに点検できます。

　　２枚目の借方票は、借方科目ごとに分類・集計するための伝票です。科目欄の借方枠が太くなっています（本書では網掛けしています）。

　　３枚目の貸方票は、貸方科目ごとに分類・集計するための伝票です。科目欄の貸方枠が太くなっています（本書では網掛けしています）。

第1章

第2章

第3章

第4章

第5章

第6章

資料

借方	科目 No.	現　金	貸方	科目 No.	供　給　高					
		摘　　　要					金		額	
本部店舗本日現金供給高						6	5	3	4	8	4

仕　訳　原　票
殿

承認　経理　係

A　No.＿＿＿　××年　5月　6日　区分＿＿＿　合計　6 5 3 4 8 4

発生順ファイル

借　方　票
殿

承認　経理　係

借方	科目 No.	現　金	貸方	科目 No.	供　給　高					
		摘　　　要					金		額	
本部店舗本日現金供給高						6	5	3	4	8	4

B　No.＿＿＿　××年　5月　6日　区分＿＿＿　合計　6 5 3 4 8 4

借方科目別ファイル

貸　方　票
殿

承認　経理　係

借方	科目 No.	現　金	貸方	科目 No.	供　給　高					
		摘　　　要					金		額	
本部店舗本日現金供給高						6	5	3	4	8	4

C　No.＿＿＿　××年　5月　6日　区分＿＿＿　合計　6 5 3 4 8 4

貸方科目別ファイル

これを仕訳で表すと次のようになります。

> (借) 現 金 653,484 (貸) 供給高 653,484

(ハ) 勘定月計票への集計

　借方票も貸方票も通常は1カ月ごとに、勘定科目別に取りまとめます。取りまとめた科目の中で、借方票、貸方票に分け、それぞれ発生順にしておきます。さらに、借方票の合計金額、貸方票の合計金額を計算し、**「勘定月計票」**の借方合計、貸方合計の金額欄に記入します。勘定月計票とは、勘定科目ごとの借方票、貸方票の月別の合計票のことです。

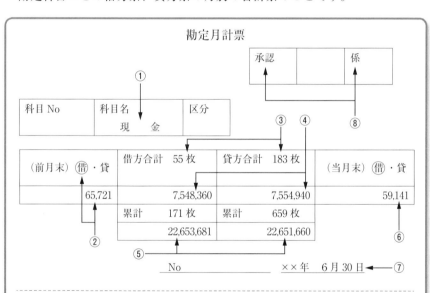

① 勘定科目名（現金）を記入します。
② 前月末残高（65,721円）を記入します（通常、前月末に記入します）。また、借方残か貸方残かを○で囲みます。
③ 借方票、貸方票のその月の枚数を記入します。
④ 借方票、貸方票のその月の合計金額を記入します。
⑤ 借方票、貸方票のその月までの累計枚数と金額を記入します。
⑥ 当月末残高（59,141円）を記入します。また、借方残か貸方残かを○で囲みます。
⑦ 当月末の日付を記入します。
⑧ 記入者の押印と上司の承認印を押印し完成です。

勘定月計票は、前月からの繰越残高が借方残高ならば、

> **当月末残高＝前月からの繰越残高＋借方合計金額－貸方合計金額**

となり、当月末残高が＋（プラス）ならば、そのまま借方残高、－（マイナス）ならば、－を取って貸方残高となります。

また、前月からの繰越残高が貸方残高ならば、

> **当月末残高＝前月からの繰越残高＋貸方合計金額－借方合計金額**

となり、当月末残高が＋（プラス）ならば、そのまま貸方残高、－（マイナス）ならば、－を取って借方残高となります。

㊁　伝票記入の注意点

仕訳伝票は、会計帳簿そのものといえます。従って、起票者以外が見ても、具体的にその取引内容が理解できるように記入しなければなりません。5W1H（When、Where、Who、What、Why、How）を意識しながら記入します。

㊒　勘定日計票

勘定月計票は、各勘定科目の借方票・貸方票の一番上につづられて、月次の締めの作業が行われます。多くの科目はこのように集計・整理されますが、現金・当座預金・普通預金など、数多くの取引が発生する勘定科目は、毎日、集計・整理することになります。そのために、**「勘定日計票」**を使用します。作成方法は勘定月計票と同じですが、処理を1日単位で行います。また、借方累計・貸方累計（伝票枚数、金額）は月初からの累計となります。

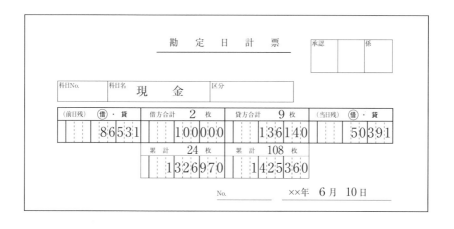

（2）主要簿と補助簿

伝票式会計制度をまとめると、次図のようになります。

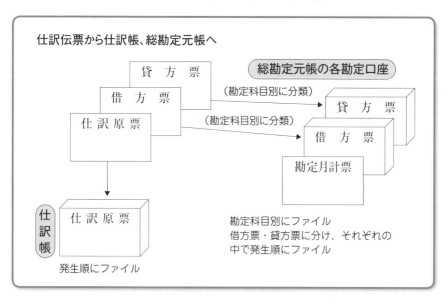

① 仕訳帳

　仕訳原票を発生順に整理し、つづり合わせた帳簿を**「仕訳帳」**といいます。仕訳帳は、取引の発生を歴史的に継続して記録している帳簿です。

② 総勘定元帳

　借方票と貸方票を勘定科目別に分類・整理し、勘定月計票に集計してつづり合わせたものが**「総勘定元帳」**です。総勘定元帳は、貸借対照表や損益計算書を作成する際に基礎となる帳簿です。

③ 主要簿と補助簿

　仕訳帳と総勘定元帳を合わせて**「主要簿」**といいます。簿記の最も重要な役割を果たすための帳簿という意味です。

　これに対して**「補助簿」**は、特定の取引ないし特定の勘定について明細や内訳を示し、主要簿の記録の不足を補完する帳簿のことをいいます。例えば、現金・預金出納帳、供給未収金明細表、買掛金明細表、未払費用明細表、支払手形管理表、固定資産台帳、出資金台帳などが補助簿の代表的なものです。

　補助簿は、「補助」とはいっても、各勘定科目の実質的な内容明細を管理するものですから大変重要な帳簿です。主な補助簿については、「第3章　主な勘定科目」で説明します。

知識の補強 4 ||||||||||||||||||||||||||||||||||||||||||||||||||||||||||||||||||||||||||||||||||||||||

★仕訳帳と総勘定元帳

　一般的な簿記の学習では、仕訳帳は一連の取引を一つの帳簿として記録しています。また、総勘定元帳も勘定科目ごとに帳簿があり、仕訳帳に記入したものを総勘定元帳の各勘定口座に転記する方法で記帳していきます。従って、伝票式会計とはその様式が異なりますが、本質的な仕組みは同じです。

仕訳帳と総勘定元帳の例

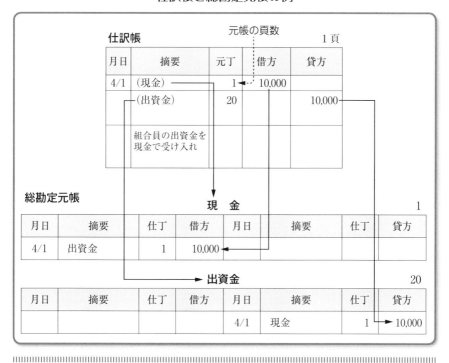

‹‹‹‹‹‹‹ 練習問題 ››››››››

問1 次の仕訳を行いなさい。

(1) 器具備品220,000円を現金で購入した。

（借）（　　　　　　　　　　）　（貸）（　　　　　　　　　　）

(2) 供給未収金100,000円を現金で回収した。

（借）（　　　　　　　　　　）　（貸）（　　　　　　　　　　）

(3) 現金60,000円を当座預金へ預け入れた。

（借）（　　　　　　　　　　）　（貸）（　　　　　　　　　　）

(4) 職員に現金200,000円を貸し付けた（「短期貸付金」を使用）。

（借）（　　　　　　　　　　）　（貸）（　　　　　　　　　　）

(5) 建物を50,000,000円で購入し、普通預金口座から支払った。

（借）（　　　　　　　　　　）　（貸）（　　　　　　　　　　）

(6) 銀行から300,000円を借り入れ、当座預金に入金した（「短期借入金」を使用）。

（借）（　　　　　　　　　　）　（貸）（　　　　　　　　　　）

(7) 車両を900,000円で購入し、現金で支払った（「車両運搬具」を使用）。

（借）（　　　　　　　　　　）　（貸）（　　　　　　　　　　）

(8) 組合員に商品20,000円を供給し、代金は掛けとした。

（借）（　　　　　　　　　　）　（貸）（　　　　　　　　　　）

(9) 普通預金の利息6,000円が普通預金口座に振り込まれた（「受取利息」を使用）。

（借）（　　　　　　　　　　）　（貸）（　　　　　　　　　　）

(10)　募集した組合債500,000円が普通預金口座に入金された（「長期組合員借
　　入金」を使用）。
　　　　（借）（　　　　　　　　　　）　（貸）（　　　　　　　　　　）

(11)　商品を仕入れた際に、相手負担の運賃2,000円を現金で立て替えて支払っ
　　た（「立替金」を使用）。
　　　　（借）（　　　　　　　　　　）　（貸）（　　　　　　　　　　）

(12)　当座預金100,000円を普通預金に振り替えた。
　　　　（借）（　　　　　　　　　　）　（貸）（　　　　　　　　　　）

(13)　組合員より出資金5,000円の現金による入金があった。
　　　　（借）（　　　　　　　　　　）　（貸）（　　　　　　　　　　）

(14)　機械装置を250,000円で購入し、現金で支払った。
　　　　（借）（　　　　　　　　　　）　（貸）（　　　　　　　　　　）

(15)　運賃として立て替えていた2,000円について現金入金があった。
　　　　（借）（　　　　　　　　　　）　（貸）（　　　　　　　　　　）

(16)　長期借入金の利息5,000円を現金で支払った。
　　　　（借）（　　　　　　　　　　）　（貸）（　　　　　　　　　　）

(17)　商品を供給し、代金のうち30,000円は現金で受け取り、残額20,000円
　　は掛けとした（複合取引。2対1の仕訳として行うこと）。
　　　　（借）（　　　　　　　　　　）　（貸）（　　　　　　　　　　）
　　　　　　　（　　　　　　　　　　）

(18)　仕入先から商品200,000円を仕入れ、半額は現金で支払い、残額は掛け
　　とした（複合取引。1対2の仕訳として行うこと）。
　　　　（借）（　　　　　　　　　　）　（貸）（　　　　　　　　　　）
　　　　　　　　　　　　　　　　　　　　　　　（　　　　　　　　　　）

⒆　短期借入金150,000円を返済し、同時にその支払利息4,000円を普通預
　　金口座から支払った（複合取引。2対1の仕訳として行うこと）。

　　　（借）（　　　　　　　　　　　）　（貸）（　　　　　　　　　　　）
　　　　　　（　　　　　　　　　　　）

⒇　職員に貸し付けていた短期貸付金70,000円とその利息3,000円を現金で
　　受け取った（複合取引。1対2の仕訳として行うこと）。

　　　（借）（　　　　　　　　　　　）　（貸）（　　　　　　　　　　　）
　　　　　　　　　　　　　　　　　　　　　　　（　　　　　　　　　　　）

問2　次の仕訳を行い、T字勘定を書いて現金勘定の期末残高を求めなさい。
　　　なお、現金の勘首残高は100,000円とする。また、T字勘定の相手先
　　　勘定科目名の記入は省略可する。

　　　（注）期首残高とは、前期末の残高が繰り越されてきたものをいう。

⑴　組合員から出資金150,000円を現金で受け取った。

　　　（借）（　　　　　　　　　　　）　（貸）（　　　　　　　　　　　）

⑵　買掛金120,000円を現金で支払った。

　　　（借）（　　　　　　　　　　　）　（貸）（　　　　　　　　　　　）

⑶　商品20,000円を現金で仕入れた。

　　　（借）（　　　　　　　　　　　）　（貸）（　　　　　　　　　　　）

⑷　銀行から長期借入金200,000円を借り入れ、現金で受け取った。

　　　（借）（　　　　　　　　　　　）　（貸）（　　　　　　　　　　　）

⑸　当座預金から現金50,000円を引き出した。

　　　（借）（　　　　　　　　　　　）　（貸）（　　　　　　　　　　　）

(6) 短期借入金の利息15,000円を現金で支払った（「支払利息」を使用）。

（借）（　　　　　　　　　）　（貸）（　　　　　　　　　）

(7) 掛供給代金15,000円を現金で受け取った。

（借）（　　　　　　　　　）　（貸）（　　　　　　　　　）

現　　金

期首残高　100,000

【練習問題　解答】 ‥‥‥‥‥‥‥‥‥‥‥‥‥‥‥‥‥‥‥‥‥‥‥‥

問1

(1) （借）器具備品　　220,000　　（貸）現　金　　220,000
【解説】器具備品（資産）の増加、現金（資産）の減少。
取引要素（P.34）、取引の8要素による結合関係図（P.38）を参照。以下(20)まで同様。

(2) （借）現　金　　100,000　　（貸）供給未収金　100,000
【解説】現金（資産）の増加、供給未収金（資産）の減少。

(3) （借）当座預金　　60,000　　（貸）現　金　　60,000
【解説】当座預金（資産）の増加、現金（資産）の減少。

(4) （借）短期貸付金　200,000　　（貸）現　金　　200,000
【解説】短期貸付金（資産）の増加、現金（資産）の減少。

(5) （借）建　物　50,000,000　　（貸）普通預金　50,000,000
【解説】建物（資産）の増加、普通預金（資産）の減少。

(6) （借）当座預金　300,000　　（貸）短期借入金　300,000
【解説】当座預金（資産）の増加、短期借入金（負債）の増加。

(7) （借）車両運搬具　900,000　　（貸）現　金　　900,000
【解説】車両運搬具（資産）の増加、現金（資産）の減少。

〈練習問題〉

(8)　（借）供給未収金　　20,000　　　（貸）供給高　　　　　20,000
　　【解説】供給未収金（資産）の増加、供給高（収益）の発生。

(9)　（借）普通預金　　　6,000　　　（貸）受取利息　　　　6,000
　　【解説】普通預金（資産）の増加、受取利息（収益）の発生。

(10)　（借）普通預金　　500,000　　　（貸）長期組合員借入金 500,000
　　【解説】普通預金（資産）の増加、長期組合員借入金（負債）の増加。

(11)　（借）立替金　　　　2,000　　　（貸）現　金　　　　　2,000
　　【解説】立替金（資産）の増加、現金（資産）の減少。

(12)　（借）普通預金　　100,000　　　（貸）当座預金　　　100,000
　　【解説】普通預金（資産）の増加、当座預金（資産）の減少。ある勘定科
　　　　　　目の残高を他の勘定科目へ移す（振り替える）ために行う仕訳を
　　　　　　振替仕訳いう。

(13)　（借）現　金　　　　5,000　　　（貸）出資金　　　　　5,000
　　【解説】現金（資産）の増加、出資金（純資産）の増加。

(14)　（借）機械装置　　250,000　　　（貸）現　金　　　　250,000
　　【解説】機械装置（資産）の増加、現金（資産）の減少。

(15)　（借）現　金　　　　2,000　　　（貸）立替金　　　　　2,000
　　【解説】現金（資産）の増加、立替金（資産）の減少。

(16)　（借）支払利息　　　5,000　　　（貸）現　金　　　　　5,000
　　【解説】支払利息（費用）の発生、現金（資産）の減少。

(17)　（借）現　金　　　30,000　　　（貸）供給高　　　　　50,000
　　　　　供給未収金　　20,000
　　【解説】現金と供給未収金（共に資産）の増加、供給高（収益）の発生。
　　※　以下のように、分解して仕訳することも可能である。
　　（借）現　金　　　30,000　　　（貸）供給高　　　　　30,000
　　（借）供給未収金　　20,000　　　（貸）供給高　　　　　20,000

(18)　（借）仕入高　　　200,000　　　（貸）現　金　　　　100,000
　　　　　　　　　　　　　　　　　　　　　　買掛金　　　　100,000
　　【解説】仕入高（費用）の発生、現金（資産）の減少、買掛金（負債）の
　　　　　　増加。
　　※　分解して仕訳することも可能である。
　　（借）仕入高　　　100,000　　　（貸）現　金　　　　100,000

|（借）仕入高|100,000|（貸）買掛金|100,000|

⑲　（借）短期借入金　150,000　（貸）普通預金　154,000
　　　　支払利息　　　4,000

【解説】短期借入金（負債）の減少、支払利息（費用）の発生、普通預金（資産）の減少。

※　分解して仕訳することも可能である。

（借）短期借入金　150,000　（貸）普通預金　150,000
（借）支払利息　　　4,000　（貸）普通預金　　　4,000

⑳　（借）現　金　　73,000　（貸）短期貸付金　70,000
　　　　　　　　　　　　　　　　　受取利息　　　3,000

【解説】現金（資産）の増加、短期貸付金（資産）の減少、受取利息（収益）の発生。

※　分解して仕訳することも可能である。

（借）現　金　70,000　（貸）短期貸付金　70,000
（借）現　金　3,000　（貸）受取利息　3,000

問2

⑴　（借）現　金　150,000　（貸）出資金　150,000
　　　⇒　借方に「(1) 150,000」と転記する。
⑵　（借）買掛金　120,000　（貸）現　金　120,000
　　　⇒　貸方に「(2) 120,000」と転記する。
⑶　（借）仕入高　20,000　（貸）現　金　20,000
　　　⇒　貸方に「(3) 20,000」と転記する。
⑷　（借）現　金　200,000　（貸）長期借入金　200,000
　　　⇒　借方に「(4) 200,000」と転記する。
⑸　（借）現　金　50,000　（貸）当座預金　50,000
　　　⇒　借方に「(5) 50,000」と転記する。
⑹　（借）支払利息　15,000　（貸）現　金　15,000
　　　⇒　貸方に「(6) 15,000」と転記する。
⑺　（借）現　金　15,000　（貸）供給未収金　15,000
　　　⇒　借方に「(7) 15,000」と転記する。

現　　金

期首残高	100,000	(2)	120,000
(1)	150,000	(3)	20,000
(4)	200,000	(6)	15,000
(5)	50,000		
(7)	15,000		

現金勘定の期末残高は次のように計算する。

① 借方合計
　　100,000＋150,000＋200,000＋50,000＋15,000＝515,000

② 貸方合計　120,000＋20,000＋15,000＝155,000

③ ①－②＝360,000

　　よって、期末残高は360,000円となる。

第3章

日常の取引と
主な勘定科目

本章の理解CHECK
＊理解した項目に✔を入れましょう。

1 □ 日常の取引と勘定科目を結びつける

2 □ 勘定科目を理解し覚える

3 □ 銀行勘定調整表の仕組みを知る

4 □ 現金・預金出納帳を作成できる

5 □ 手形の仕組みを理解する

第3章　日常の取引と主な勘定科目

1　現　金

（1）簿記での取り扱いと記帳の仕方

　「現金勘定」には通貨ばかりでなく、手元にある **「他人振り出しの小切手」** や **「期限の到来した公社債の利札」** など、すぐに換金できるものも含まれます。簿記上の現金として取り扱う主なものは、次の通りです。

---

① 　他人振り出しの小切手

② 　郵便為替証書

③ 　送金小切手

④ 　期限の到来した公社債の利札[※]　　※公社債は政府や企業などが発行する債券で、
　　　　　　　　　　　　　　　　　　　　　利札はその債券に付いている利子などの引き
⑤ 　配当金領収証　　　　　　　　　　　　換え札（クーポン）のこと。

　現金勘定は、流動資産に属する資産勘定です。そのため、入金額（現金が増加）は借方に、出金額（現金が減少）は貸方に記入します。

現　金

入金（増加）	出金（減少）

（2）現金過不足

　現金は、毎日その残高を管理しなければなりません。帳簿上の現金の残高は、次のように計算されます。

前日からの繰越高＋入金高－出金高＝本日残高

しかし、帳簿上の本日残高と実査※した現金有高（実際の有高）が合わないことがあります。その場合には調査して、原因を明らかにした上で訂正処理を行います。差異の原因が判明しない場合には、差額を**「現金過不足勘定」**として処理し、一時的に実際の有高に一致させます。

※金庫などに現金が実際にいくらあるか、数えて確かめること。

設例 **1**

本日の現金の実際の有高が95,000円、帳簿残高は100,000円であった。差額が生じた原因を調査したが、判明しなかった。

【解説】

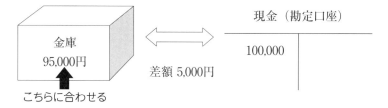

修正の仕訳を計上します。

> （借）現金過不足　5,000　　　　　（貸）現　金　5,000

実際の有高に帳簿残高を合わせます。つまり、帳簿上、現金が減少したと考え、貸方に記帳します。同時に現金過不足勘定を借方に記帳します。

現金過不足	
5,000	

現金	
100,000	5,000
	残　95,000

現金過不足勘定はあくまで一時的な勘定ですので、後日、その差異の原因を再度調査し、その内容が判明したら修正の仕訳をします。

設例 ❷

設例❶の現金過不足の原因の一部が、生協で使用した切手代（通信交通費）3,000円の仕訳漏れであることが判明した。

【解説】

この場合、現金過不足勘定を修正する処理を行います。

> （借）通信交通費　3,000　　　　（貸）現金過不足　3,000

通信交通費		現金過不足	
3,000		5,000	3,000
			残　2,000

設例❷では、現金過不足勘定がまだ借方残高として2,000円残っています。仮の勘定を決算が終了するまで残しておくことは、適正ではありません。現金過不足勘定は、決算日までに必ずゼロにしておく必要があります。

設例 ❸

現金過不足勘定の借方に、2,000円が残っている原因が判明しなかった。

【解説】

「雑損失勘定」（費用勘定）を発生させ、現金過不足勘定の残高をゼロにします。

第1章

第2章

第3章

第4章

第5章

第6章

資料

知識の補強❶

★現金過不足勘定が貸方に生じる（実際の現金有高の方が多い）場合

　設例❶とは逆に、現金有高の方が多かった場合も、実際の現金の額に合わせます。

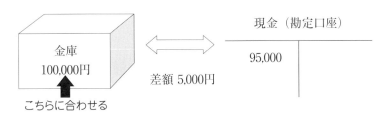

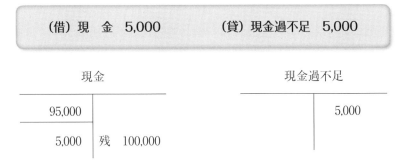

　現金過不足の原因が決算日まで不明の場合には、**「雑収入勘定」**（収益勘定）へ振り替えます。

> （借）現金過不足　5,000　　　　　　（貸）雑収入　5,000

　このように、現金過不足勘定は一時的な勘定であり、借方にも貸方にも登場しますので、「**仮勘定**」または「**中間勘定**」といいます。

2　預　金

（1）意　義

　「**預金勘定**」には、当座預金、普通預金、定期預金、通知預金、積立預金などが含まれます。

　預金勘定のうち、1年以内に期限の到来する預金は流動資産の区分に、1年を超えて期限の到来する預金は固定資産の区分に表示します。

　預金は資産勘定ですので、預け入れ額は資産の増加として借方に、引き出し額は資産の減少として貸方に記入します。

○○預金

| 預け入れ（増加） | 引き出し（減少） |

　預金勘定は預け入れや引き出しが頻繁に行われるため、現金と共に「**現金・預金出納帳**」（P.73参照）により増減と残高を毎日記録し、預金通帳などと照合しておく必要があります。

（2）当座預金

①　仕組み

　預金のうち、日常出入りが多いのは「**普通預金**」や「**当座預金**」です。このうち、当座預金を開設するためには、銀行と当座取引契約を結ばなければなりません。当座預金には利息が付かず、また、その引き出しには、必ず「**小**

切手」を使用します。

　銀行と当座取引契約を結び、小切手を発行した場合の流れは、次図のようになります。

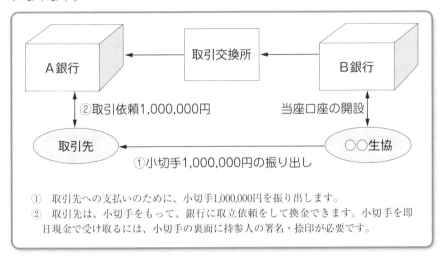

① 取引先への支払いのために、小切手1,000,000円を振り出します。
② 取引先は、小切手をもって、銀行に取立依頼をして換金できます。小切手を即日現金で受け取るには、小切手の裏面に持参人の署名・捺印が必要です。

設例 **4**

　B銀行と当座取引契約を結び、現金1,000,000円を預け入れた。

　　(借) 当座預金　1,000,000　　　　(貸) 現　金　1,000,000

67

② 当座預金の受け払い

　小切手を振り出したときは、当座預金の減少（資産の減少）として処理します。また、当座預金を預け入れたり、振り込みで送金を受けた場合は、資産の増加として処理します。

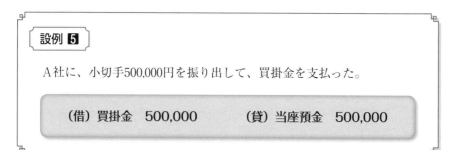

設例 5

　A社に、小切手500,000円を振り出して、買掛金を支払った。

（借）買掛金　500,000　　　　（貸）当座預金　500,000

　他人振り出しの小切手を受け取ったときには、現金として処理します。しかし、直ちに当座預金とした場合は、当座預金の増加となります。

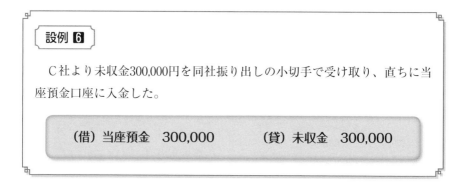

設例 6

　C社より未収金300,000円を同社振り出しの小切手で受け取り、直ちに当座預金口座に入金した。

（借）当座預金　300,000　　　　（貸）未収金　300,000

　過去に自己が振り出した小切手が、銀行で換金されることなく取引先からの支払いとして受け取る場合は、当座預金の増加として処理します。

設例 **7**

　E生協は、D社に対する未収金700,000円の回収として、過去に同生協が振り出した小切手で受け取った。

| （借）当座預金 | 700,000 | （貸）未収金 | 700,000 |

③　当座預金残高調整表

イ　意　義

　当座預金は、出入りの多い勘定であることと、金融機関の側での実務処理のタイミングや、生協振り出しの小切手を受け取った相手先が取り立てに回すタイミングによって、生協の現金・預金出納帳の当座預金残高が金融機関の残高と一致しないことが多くあります。

　そこで、この当座預金勘定の残高が正しいかどうかを検証するために、**「当座預金残高証明書」**を金融機関から毎月取り寄せ、生協の帳簿残高との差異を調査します。調査の結果、生協側の漏れや誤りは訂正し、金融機関側の漏れや誤りについては訂正を求めます。その差異の明細を明らかにするのが**「銀行勘定調整表」**です。特に当座預金に関する差異の調整のために作成するのが**「当座預金残高調整表」**です。

ロ　差異が生じる原因

　生協の当座預金勘定の残高と金融機関（次頁の一覧では「銀行」と略します。）の残高が一致しない原因とそれを修正すべき側を一覧にすると、次の通りになります。

区 分	不一致の原因	生協側	銀行側	修正すべき側
入金	① 銀行の時間外に現金を預け入れた。	仕訳済 (借)当座預金/ 　　　(貸)現金	処理なし（銀行は時間外のため処理していない。）	銀行
	② 他人振り出しの小切手の取り立てを銀行に依頼したが、銀行側はまだ処理していない。	仕訳済 (借)当座預金/ 　　　(貸)現金	処理なし（まだ取り立てていない。） ※「未取立小切手」という。	銀行
出金	① 買掛金の支払いのために小切手を振り出したが、まだ取引先に交付していない。	仕訳済 (借)買掛金/ 　　　(貸)当座預金 ※「未渡小切手」という。	処理なし	生協
	② 買掛金の支払いで小切手を振り出したが、まだ相手先から銀行へ取り立てに回っていない。	仕訳済 (借)買掛金/ 　　　(貸)当座預金	処理なし ※「未取付小切手」という。	銀行
未記帳 (入金)	未収金の入金通知が遅れたため、生協ではまだ記帳していない。	仕訳なし	処理済 (借)当座預金/ 　　　(貸)未収金	生協
未記帳 (出金)	生協の当座預金口座から送金手数料が差し引かれたが、生協にまだ通知がない。	仕訳なし	処理済 (借)支払手数料/ 　　　(貸)当座預金	生協

設例 8

　生協の月末の現金・預金出納帳の当座預金残高は、2,720,000円であった。銀行から同日付の当座預金残高証明書を取り寄せたところ、3,270,000円であった。差額を調査した結果、次のことが判明した。これらを基にして銀行勘定調整表（当座預金残高調整表）を作成しなさい。

① 供給未収金入金分300,000円が未通知だったため、生協では仕訳を行っていない。

② 支払利息の引き落とし分20,000円が未通知だったため、生協では仕訳を行っていない。

③　銀行側の締切後入金処理のため、供給未収金入金分30,000円が銀行側残高に入っていない。

④　A社への買掛金の支払いとして生協が振り出した小切手300,000円が、まだ相手先から銀行へ取り立てに回っていない。

【解説】

①および②は、銀行側では処理が終わっていますが、その連絡が生協に来ていませんので、生協で仕訳を計上します。

> （借）当座預金　300,000　　（貸）供給未収金　300,000

> （借）支払利息　20,000　　（貸）当座預金　　20,000

③は、生協側では仕訳を計上していますが、銀行側の処理が営業時間外であるためされていません。

④は、小切手を振り出した相手先がまだ銀行に処理を依頼していませんが、生協側では小切手を振り出した時点で仕訳を計上しています。

①～④を当座預金残高調整表にまとめると、次のようになります。生協側と銀行側の残高を修正し、修正残高の一致を確認します。

当座預金残高調整表
20XX年4月30日　　○○生協

項　目	原　因	生協側	銀行側
Ⅰ　残　高		2,720,000	3,270,000
Ⅱ　加算金額	①　供給未収金振込入金未通知	+300,000	
	③　締切後入金		+30,000
Ⅲ　減算金額	②　支払利息引落未通知	△20,000	
	④　未取付小切手		△300,000
Ⅳ　修正残高 （Ⅰ＋Ⅱ－Ⅲ）		3,000,000	3,000,000

④ 当座借越

イ 意義

当座預金の残高を超えて当座預金を引き出すことを「**当座借越**」といいます。あらかじめ銀行と「**当座借越契約**」を結ぶことで、借越限度額までは当座預金残高を超えて、小切手を振り出すことができます。ただし、銀行からお金を一時的に借りるので、実質「**借入金**」と同じことです。

ロ 処理方法

当座借越の処理方法は、「**一勘定制**」と「**二勘定制**」があります。

㈠ 一勘定制

当座預金の預け入れや引き出しを、当座預金勘定だけで処理する方法です。当座借越が発生した場合には、当座預金勘定の残高がマイナスとなります。

㈡ 二勘定制

当座預金の残高を超えて引き出した金額を「**当座借越勘定**」で処理する方法です。当座借越が発生した場合には、当座預金勘定の残高をゼロとし、超えた部分を当座借越勘定に記入します。

設例 **9**

4月1日時点の当座預金残高は、2,000円である。4月20日に、買掛金3,000円を小切手を振り出して支払った。銀行とは当座借越契約を結んでおり、借越限度額は3,000円である。

① 一勘定制

（借）買掛金 3,000 （貸）当座預金 3,000

当座預金

4/1 残高	2,000	4/20	3,000

一勘定制では、当座預金残高は△1,000円となります。

② 二勘定制

> (借) 買掛金　2,000　　(貸) 当座預金　2,000
> (借) 買掛金　1,000　　(貸) 当座借越　1,000

当座預金		当座借越	
4/1 残高　2,000	4/20　2,000		4/20　1,000

二勘定制では当座預金残高はゼロ（0円）となり、当座借越勘定の貸方に残高1,000円が計上されます。

（3）現金・預金の管理

① 管理上の注意点

現金（預金を含む）の管理には、**「現金・預金出納帳」**（補助簿）を使用します。現金・預金出納帳には、毎日の現金の増減と残高を記録します。この残高と実査した現金有高との照合を毎日行いながら、その入出金の内容および現金有高を点検します。

現金有高は、必要な支払いや緊急な事態に備えて合理的な手持ち現金量に保つことが大切で、それ以上の不必要な現金は持つべきではありません。組織的に正しく現金を管理するためには、次のことが重要です。

> イ　伝票の起票、伝票の承認、実際の入出金を別の人で分担する。
> ロ　承認に使用する印鑑は、承認者自らが保管・使用に責任を持つ。
> ハ　出納担当者は、承認印のある伝票以外は出金しない。
> ニ　出納担当者は、金庫の鍵の保管、ダイヤル式金庫の番号管理に責任を持つ。また、他の担当者が金庫内の現金に触れることができないよう厳重な管理を行う。
> ホ　体制上、分担しきれない場合や出張などで業務上どうしても不都合が生じる場合は、補完する仕組みや規程を作って厳格に運用する。

このように、組織的に分担し、一方の誤りや不正は他方から照合され容易に発見できる仕組みのことを「内部牽制制度」といいます。この制度は現金の管理ばかりでなく、生協の会計全般にわたって実施されるべきものです。

② 現金・預金出納帳

　現金・預金についての仕訳を毎日整理し、勘定科目ごとに借方票、貸方票を合計して勘定日計票を作成します。作成後、現金・預金出納帳に転記します。

　なお、勘定日計票の残高の算出方法は次の通りです。

$$\text{繰り越し} + \text{入金（預け入れ）} - \text{出金（引き出し）} = \text{残高}$$

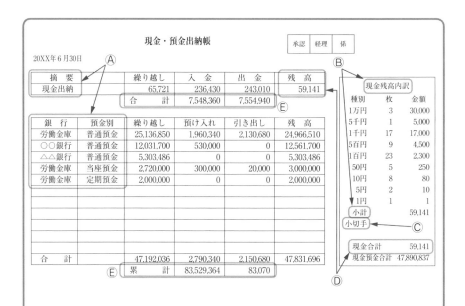

〈記入方法〉

Ⓐ　摘要の現金出納には現金勘定を、下欄には銀行別、預金別の各勘定を記入します。

Ⓑ　現金残高内訳の金種別明細の合計額を小計欄に記入します。

Ⓒ　その下の小切手には、他人振り出しの小切手で手元保管しているもの

の金額を記入します。

Ⓓ　現金合計には小切手も含めた現金合計額が記入され、これは必ず現金出納の残高と一致しなければなりません。一致しない場合は、調査して仕訳伝票を起票します。原因不明の差異があれば、現金過不足勘定による仕訳を行い、現金合計の金額（実査金額）と一致させます。

Ⓔ　現金出納の合計欄と預金の累計欄は、月初からの累計額を記入します。

3　供給高と供給未収金

（1）供給高

　購買生協での主な収益勘定は、「**供給高勘定**」です。供給高は、店舗で買い物をしたときや宅配で配達したときなど、商品が組合員の手に渡ったときに発生します。発生は貸方に、返品など何らかの理由による訂正で供給が消滅するときは、借方に記入します。

供給高

返品、訂正など(消滅)	組合員に供給(発生)

設例 ⑩

組合員に現金で80,000円供給した。

　　　（借）現　金　80,000　　　　（貸）供給高　80,000

（2）供給未収金と供給未収金明細表

① 供給未収金勘定の処理

　生協が組合員に掛供給を行ったときに、商品代金を後で受け取る権利と組合員がその代金を支払う義務が生じます。このうち、商品代金を後で受け取る権利を債権といい、債権を処理する資産勘定が**「供給未収金勘定」**です。増加は借方に、減少は貸方に記入します。

供給未収金

掛供給（増加）	回収（減少）

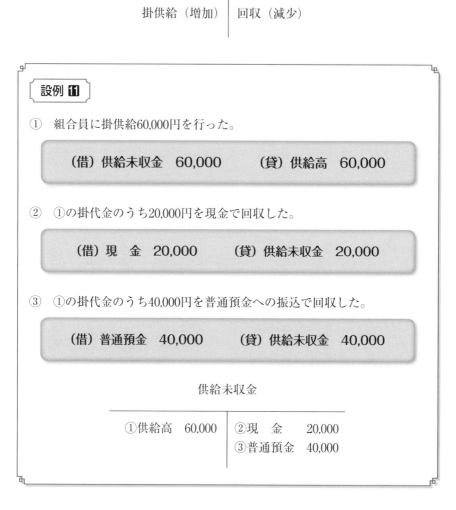

設例 ⑪

① 組合員に掛供給60,000円を行った。

> （借）供給未収金　60,000　　　（貸）供給高　60,000

② ①の掛代金のうち20,000円を現金で回収した。

> （借）現　金　20,000　　　（貸）供給未収金　20,000

③ ①の掛代金のうち40,000円を普通預金への振込で回収した。

> （借）普通預金　40,000　　　（貸）供給未収金　40,000

供給未収金

①供給高　60,000	②現　金　　20,000
	③普通預金　40,000

② 供給未収金明細表

供給未収金は毎月、組合員別に、掛供給の発生・回収・残高を明らかにして管理しなければなりません。そして、回収期日が来ているにもかかわらず、回収できていない債権がある場合には、対策を打つ必要があります。このために作成されるのが、**「供給未収金明細表」**（補助簿）です。

供給未収金明細表

20XX年　10月度　　　　　　　　　　　　　　　　　　○○生活協同組合

組合員名	前月より繰越	供　給	振替（＋）	振替（－）	回　収	当月残高
○○　○○	5,000	40,000	0	0	45,000	0
○○　○○	0	15,000	0	0	0	15,000
○○　○○	20,000	10,000	0	0	0	30,000
合計額	XX,XXX,XXX	XX,XXX,XXX	0	0	XX,XXX,XXX	XX,XXX,XXX

（注）
イ 「供給」欄には、当月（10月度）分の供給高を記入する。「振替（＋）」欄には、他の勘定から供給未収金に振り替えた金額を、「振替（－）」欄には、供給未収金から他の勘定に振り替えた金額を記入する。また、「回収」欄には当月回収した金額を記入する。
ロ 「当月残高」＝「前月より繰越」＋「供給」＋「振替（＋）」－「振替（－）」－「回収」
ハ 「供給」欄の合計額は当月の掛供給の合計額であり、供給未収金明細表を完成させた後、この合計額で仕訳を計上する。
ニ 供給未収金の勘定月計票の当月残高と、供給未収金明細表の「当月残高」欄の合計額は等しくなければならない。毎月必ず一致していることを確認する。

4　仕入高と買掛金

（1）仕入高

「仕入高勘定」は、商品の仕入れにより発生する費用勘定です。発生は借方に、返品や何らかの理由による訂正で消滅する場合は、貸方に記入します。

仕入高

仕入れ（発生）	返品、訂正など（消滅）

商品代金（50,000円）を現金で支払った。

> （借）仕入高　50,000　　　（貸）現　金　50,000

（2）買掛金と買掛金明細表

① 買掛金勘定の処理

　生協が掛仕入を行ったときに、商品代金について、取引先などが後で受け取る権利と生協が後で支払う義務が生じます。このうち、商品代金を後で支払う義務を債務といい、債務を処理する負債勘定が**「買掛金勘定」**です。増加は貸方に、減少は借方に記入します。

買掛金

支払い（減少）	掛仕入（増加）

設例 12

① 取引先から商品90,000円を仕入れ、掛けにより支払うこととした。

> （借）仕入高　90,000　　　（貸）買掛金　90,000

② 掛代金30,000円を現金で支払った。

> （借）買掛金　30,000　　　（貸）現　金　30,000

③ 掛代金10,000円を小切手を振り出して支払った。

> （借）買掛金　10,000　　　（貸）当座預金　10,000

④　掛代金50,000円を普通預金振込で支払った。

> （借）買掛金　50,000　　　（貸）普通預金　50,000

買掛金

②現　金	30,000	①仕入高	90,000
③当座預金	10,000		
④普通預金	50,000		

②　買掛金明細表

　買掛金は毎月、取引先別に、掛仕入の発生・支払い・残高を明らかにして管理しなければなりません。そして、期日が来ているにもかかわらず、支払いがされていない場合には、早急に支払いを行わなければなりません。このために作成されるのが、**「買掛金明細表」**（補助簿）です。

買掛金明細表

20XX年　10月度　　　　　　　　　　　　　　　　　　　○○生活協同組合

取引先名	前月より繰越	仕　入	振替（＋）	振替（－）	支　払	当月残高
㈱○○	500,000	400,000	0	0	500,000	400,000
㈱△△	1,000,000	300,000	0	0	800,000	500,000
△○㈱	0	700,000	0	0	0	700,000
合計額	XX,XXX,XXX	XX,XXX,XXX	0	0	XX,XXX,XXX	XX,XXX,XXX

（注）

イ　「仕入」欄には当月（10月度）分の仕入高を記入する。「振替（＋）」欄には、他の勘定から買掛金に振り替えた金額を、「振替（－）」欄には、買掛金から他の勘定に振り替えた金額を記入する。また、「支払」欄には当月支払った金額を記入する。

ロ　当月残高＝「前月より繰越」＋「仕入」＋「振替（＋）」－「振替（－）」－「支払」

ハ　「仕入」欄の合計額は当月の掛仕入の合計額であり、買掛金明細表を完成させた後、この合計額で仕訳を計上する。

ニ　買掛金の勘定月計票の当月残高と、買掛金明細表の「当月残高」欄の合計額は等しくなければならない。毎月必ず一致していることを確認する。

知識の補強❷

★納品書

　商品を仕入れる場合には「**納品書**」を使用します。また、商品の仕入れは月別に、仕入先別および事業所別・部門別に分類して記録・整理・集計します。

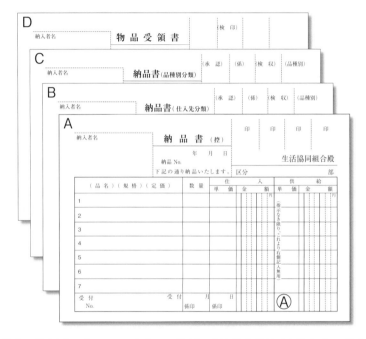

　納品書は複写式になっています。1枚目の「納品書(控)」は仕入先の控えです。2枚目「納品書(仕入先分類)」と3枚目「納品書(品種別分類)」は生協が保管し、4枚目「物品受領書」は生協の検収が終わったら仕入先へ返します。

　このうち「納品書(品種別分類)」は、「**商品管理表**」(P.110参照)の仕入金額に集計し、事業所別・部門別の商品ロス、荒利益の管理に役立てられます。

　なお、近年は納品書として「**チェーンストア統一伝票**」が普及していますし、電子データによるやりとりも増えています。

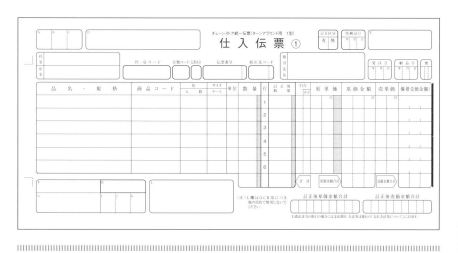

第1章
第2章
第3章
第4章
第5章
第6章
資料

5 返品・値引き

（1）返 品

① 返品とは

　生協が組合員に商品を供給したり、生協が取引先より商品を仕入れたりした後に、傷や汚れなどにより組合員から商品が送り返されたり、取引先に商品を送り返したりすることです。

② 返品の処理

　組合員から商品が返品されたときは、供給高を取り消す処理を行います。また、取引先に商品を返品したときは、仕入高を取り消します。

設例 ⑬

① 組合員に掛供給した商品10,000円の返品があった。

　　（借）供給高　10,000　　　　（貸）供給未収金　10,000

---

② 取引先から掛仕入した商品50,000円を返品した。

> （借）買掛金　50,000　　　（貸）仕入高　　　50,000

（2）値引き

① 値引きとは

　生協が組合員に商品を供給したり、生協が取引先より商品を仕入れたりする場合に、型が古かったり大量の在庫品を処分するなどの理由から、商品の価額を引き下げることです。返品とは異なり、商品自体を戻したり、商品が戻ってきたりすることはありません。

② 値引きの処理

　組合員に対して値引きをした場合、供給高を取り消す処理を行います。

設例 14

① 組合員に掛供給した商品に対して、10,000円の値引きを行った。

> （借）供給高　10,000　　　（貸）供給未収金　10,000

② 取引先から掛仕入した商品に対して、50,000円の値引きがあった。

> （借）買掛金　50,000　　　（貸）仕入高　　　50,000

---

6 固定資産

（1）固定資産とは

　固定資産は、建物や器具備品などのように、生協が1年を超えて使用するために所有する資産勘定で、有形固定資産、無形固定資産、その他固定資産に分類されます。このうち、有形固定資産は次のように区分され、その区分ごとに個別勘定として処理されます（P.22参照）。

① 　建物：事務所、店舗、倉庫など
② 　構築物：舗装道路、堀、スタンドなど
③ 　機械装置：機械式駐車場、倉庫用設備、食料品製造設備など
④ 　車両運搬具：自動車、フォークリフトなど
⑤ 　器具備品：家具、複写機、時計、陳列ケース棚など
⑥ 　土地：事務所敷地、店舗敷地など
　（注）有形固定資産には、リース資産も含まれます。

（2）固定資産の処理

　固定資産勘定は、取得したときは資産の増加として借方に記入し、売却したときや除却したときは資産の減少として貸方に記入します。

固定資産

取得（増加）	売却、除却（減少）

設例 15

① 　建物を現金50,000,000円で購入した。

　（借）建　物　50,000,000　　　（貸）現　金　50,000,000

② 所有する機械装置を除却した。機械装置の取得価額は500,000円で、帳簿価額は200,000円である。

（注）帳簿価額とは、取得価額から減価償却累計額を差し引いた金額のこと。具体的には、次のように計算する。なお、減価償却については「第4章　決算」を参照のこと。

取得価額500,000円 − 減価償却累計額300,000円 = 帳簿価額200,000円

```
（借）減価償却累計額　300,000　　　（貸）機械装置　300,000
（借）機械装置除却損　200,000　　　（貸）機械装置　200,000
```

この仕訳の貸方を一つにまとめて記入すると次のようになります。

```
（借）減価償却累計額　300,000　　　（貸）機械装置　500,000
　　　機械装置除却損　200,000
```

このように、機械装置勘定を分解しないで仕訳を記入する方法と分解して記入する方法がありますが、伝票式会計の場合には通常、分解して仕訳を記入します（本書では、これを「1対1」の仕訳といいます）。

（3）固定資産の管理

固定資産の管理のために、「固定資産台帳」（補助簿）を使用します。

固定資産は、商品などのように頻繁に出入りするものではありませんが、それだけにその移動を正確に管理する必要があります。

また、定期的・計画的にすべての固定資産を実査し、使用状況と保全状況に問題がないか点検し、問題がある場合は必要な対策を講じます。

なお、固定資産に計上せず費用として処理された耐久性のあるもの（机やいす・書庫など）も固定資産に準じて台帳化し、管理します。

固定資産台帳（例）

資産コード 資産種類 本支店　部門 構造名・細目名 資産名	取得年月日 除却年月日 数量 償却方法 償却実施率	耐用年数 償却月数 増加事由 減少事由 減少区分	取得価額 経理方式	期首帳簿価額	当期償却額
0001 建物 XXXX 鉄筋コンクリート 建物改修工事	20XX年4月30日 1 定額法 100％	50年 12 新品取得	XXX,XXX,XXX	XX,XXX	XX,XXX
～	～	～	～	～	～

7　手　形

（1）手形とは

　手形は、商品代金の支払いに使用されることが多く、支払いを約束する証書です。手形には、「**約束手形**」と「**為替手形**」の2種類があります。

（2）約束手形

①　約束手形とは

　約束手形は、手形の振出人（＝支払人、作成者）が名宛人（＝受取人、特定の者）に対して、決められた期日に、決められた金額を、決められた場所で支払うことを約束した証券です。

<table>
<tr><td colspan="3">No. _____　　約 束 手 形　　AA123456</td></tr>
</table>

| 収 入印 紙(印) | 東京物産株式会社　殿

金額　¥800,000※

上記金額をあなた又はあなたの指図人へこの
約束手形と引替えにお支払いいたします
×× 年 8 月 31 日

振出地　東京都渋谷区渋谷3-29-8
住　所
振出人　日本生活協同組合
代表理事 理事長　生 協 一 郎　(印) | 支払期日 ×× 年 10 月 31 日
支 払 地 東京都千代田区
支払場所
　　○○銀行東京支店 |

②　約束手形の処理

　約束手形は、振り出すとその手形代金を支払う義務（債務）が振出人に生じます。また、名宛人はその代金を受け取る権利（債権）が生じます。

　従って、手形を受け取った場合には**「受取手形勘定」**（債権、資産勘定）で処理し、手形で支払った場合には**「支払手形勘定」**（債務、負債勘定）で処理します。

イ　受取手形

　受け取り（資産の増加）は借方に、期日に決済されたとき（資産の減少）は貸方に記入します。

ロ　支払手形

　振り出し（負債の増加）は貸方に、期日に決済されたとき（負債の減少）は借方に記入します。

受取手形		支払手形	
受け取り(増加)	決済(減少)	決済(減少)	振り出し(増加)

設例 16

① 商品80,000円を仕入れ、手形を振り出して支払うこととした。

> (借) 仕入高　　80,000　　　　(貸) 支払手形　　80,000

② ①の手形の支払期日が到来し、当座預金口座から支払いがされた。

> (借) 支払手形　　80,000　　　　(貸) 当座預金　　80,000

知識の補強 3

★手形の管理

　手形は決済期日が長く、しかも決済条件によって期日もまちまちなので、決済期日ごとの合計額を把握することが大切です。特に支払手形の場合、当座預金残高に不足の出ないよう資金管理を行う必要があります。不足が生じると手形の不渡りとなり、これが6カ月以内に2回続くと銀行取引が停止され、事実上倒産となってしまいます。

　そこで、手形の発行と決済について、明確に管理するために「**受取手形記入帳**」や「**支払手形記入帳**」、「**受取手形管理表**」、「**支払手形管理表**」といった補助簿を使用します。

支 払 手 形 記 入 帳

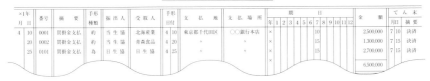

×1年		番号	摘 要	手形種類	振出人	受取人	手形日付		支 払 地	支 払 場 所	期 日													金 額	て ん 末	
月	日						月	日			年	1	2	3	4	5	6	7	8	9	10	11	12		月 日	摘 要
4	10	0001	買掛金支払	約	当 生 協	北海産業	4	10	東京都千代田区	○○銀行本店	×										10			2,500,000	7 10	決済
	20	0002	買掛金支払	約	当 生 協	青森食品	4	20	〃	〃	×										15			1,300,000	7 15	決済
	25	0101	買掛金支払	為	日 生 協	日 生 協	4	25	〃	〃	×										15			2,700,000	7 15	決済
																								6,500,000		

支 払 手 形 管 理 表

×1年8月20日決済分

振出月日	名　宛　人	手形番号	支 払 場 所	金　　額	区 分	照合印	摘　　要
×1.5. 12	北海産業	A E232414	○○銀行本店	2 0 0 0 0 0 0	買掛		
×1.5. 20	青森食品	A E232458	〃	1 5 0 0 0 0 0	買掛		

（3）為替手形

　為替手形は、手形の振出人（＝作成者）が名宛人（引受人＝手形の債務者）
に対して、受取人（＝手形の債権者）に、決められた期日に、決められた金
額を、決められた場所で支払うことを委託した証券です。

　為替手形は、手形を作成した（振り出した）本人は支払いを依頼するのみ
で、支払いの義務が生じない点が約束手形と異なります。

振出人	：	手形債務も手形債権も生じません。
名宛人	：	手形代金を後で支払うため手形債務が生じます。
受取人	：	手形代金を後で受け取るため手形債権が生じます。

　実務においては約束手形の取り扱いがほとんどですので、本書では為替手
形の処理については省略します。

8 その他の勘定科目

（1）未収金

　建物や備品、土地など商品以外の物品を売却するといった通常の事業取引
以外の取引により、代金を後日受け取ることになったときに生じる債権は、
「未収金勘定」（資産勘定）で処理します。未収金は、発生したときには借方
に、回収されたときには貸方に記入します。

未収金

固定資産の売却 代金など（増加）	固定資産の売却代金 などの回収（減少）

設例 17

① 土地10,000,000円を売却し、代金は後日受け取ることとした。

（借）未収金　　10,000,000　　　（貸）土地　　　10,000,000

② ①の代金が普通預金口座に振り込まれた。

（借）普通預金　10,000,000　　　（貸）未収金　　10,000,000

（2）未払金

通常の事業取引以外の取引により、代金を後日支払うことになったときに生じる債務や、電気・ガス・水道代など通常の事業取引に関連して発生する債務は、「**未払金勘定**」（負債勘定）で処理します。未払金は、発生したときには貸方に、支払ったときには借方に記入します。

未払金

固定資産の購入代金の 支払いなど（減少）	固定資産の購入 代金など（増加）

設例 **18**

① 備品1,200,000円を購入し、代金は後日支払うこととした。

> （借）器具備品　1,200,000　　　（貸）未払金　　1,200,000

② ①の代金の支払いを普通預金口座より行った。

> （借）未払金　　1,200,000　　　（貸）普通預金　1,200,000

（3）仮払金

　「**仮払金勘定**」は、現金を支出しても、その時点では勘定科目や金額が確定できないときに、一時的に処理しておく資産勘定です。しかし、あくまで仮の勘定ですので、計上すべき勘定科目と金額が明確となった時点で、速やかに精算しなければなりません。また、原則として決算日には残高はゼロになっていなければなりません。

設例 **19**

① 職員の出張の旅費その他として、概算額50,000円を現金出金した。

> （借）仮払金　50,000　　　（貸）現　金　50,000

② 職員が出張から帰ってきたので、仮払金を精算した。その内訳は、旅費（通信交通費）30,000円、業務に必要な書籍の購入（調査研究費）10,000円で、残り10,000円は出納係に現金で返金した。

90

イ　現金をいったんすべて入金して精算する方法（第1法）

(イ)　仮払金50,000円を全額現金で入金（返金）した仕訳を行う。

> （借）現　金　　　50,000　　　　（貸）仮払金　　　50,000

(ロ)　現金出金の仕訳を行う。

> （借）通信交通費　30,000　　　　（貸）現　金　　　30,000
> （借）調査研究費　10,000　　　　（貸）現　金　　　10,000

仮払金

①現金　50,000	②イ(イ)　現金　50,000

現　金

②イ(イ)　仮払金　50,000	①仮払金　50,000
	②イ(ロ)　通信交通費　30,000
	②イ(ロ)　調査研究費　10,000

ロ　必要な額のみを入金して精算する方法（第2法）

仮払金50,000円一度に精算した。

> （借）通信交通費　30,000　　　　（貸）仮払金　30,000
> （借）調査研究費　10,000　　　　（貸）仮払金　10,000
> （借）現　金　　　10,000　　　　（貸）仮払金　10,000

(注)　貸方の金額をまとめて記入する場合には、次のような仕訳になる。

（借）通信交通費　30,000	（貸）仮払金　50,000
調査研究費　10,000	
現　金　　　10,000	

仮払金

①現金	50,000	②ロ	通信交通費	30,000
		②ロ	調査研究費	10,000
		②ロ	現金	10,000

現　金

②ロ　仮払金	10,000	①仮払金	50,000

(注) 第1法と第2法とでは、記帳方法が異なるので、現金勘定の借方合計と貸方合
計の金額も異なります。残高は同じですが、第1法の方が第2法よりも借方・貸
方とも40,000円多くなります。

（４）仮受金

「**仮受金勘定**」は、金銭を受け入れた際、その相手科目が不明な場合、一
時的に処理しておく負債勘定です。しかし、仮払金同様あくまで仮の勘定で
すので、原因を調査し、相手の勘定科目と金額が明確となった時点で速やか
に精算しなければなりません。また、原則として決算日には残高はゼロになっ
ていなければなりません。

設例 20

① 組合員より普通預金口座へ100,000円の振り込みがあった旨が銀行より
通知されたが、内容が不明である。

> (借) 普通預金　100,000　　　　(貸) 仮受金　100,000

② 調査したところ、供給未収金の代金70,000円、出資金の増資分の振り
込み30,000円であることが判明した。

| (借) 仮受金 | 70,000 | (貸) 供給未収金 | 70,000 |
| (借) 仮受金 | 30,000 | (貸) 出資金 | 30,000 |

(注) 借方の金額をまとめて記入する場合には、次のような仕訳となる。

| (借) 仮受金 | 100,000 | (貸) 供給未収金 | 70,000 |
| | | 出資金 | 30,000 |

仮受金

| ②供給未収金 | 70,000 | ①普通預金 | 100,000 |
| ②出資金 | 30,000 | | |

(5) 預り金

　職員に給料などを支払う際、職員が負担すべき源泉所得税、住民税、社会保険料などは生協がいったん徴収し、後で税務署や年金事務所などに納めます。このように、生協が一時的に預かっているにすぎないものを処理するために用いられるのが**「預り金勘定」**（負債勘定）です。預り金は、預かったときには貸方に記入し、支払ったときには借方に記入します。

預り金

| 税務署などへの
支払い（減少） | 源泉所得税などの
徴収など（増加） |

設例 21

① 職員に当月の給料1,000,000円から源泉所得税50,000円を控除し、残額を普通預金口座から支払った。

| (借) 職員給与 | 50,000 | (貸) 預り金 | 50,000 |
| (借) 職員給与 | 950,000 | (貸) 普通預金 | 950,000 |

② ①の源泉所得税50,000円を、税務署に普通預金口座から納付した。

> (借) 預り金　　　50,000　　　(貸) 普通預金　　50,000

知識の補強 ④

★法定福利費

　厚生年金や健康保険などの社会保険料は、原則として事業主と職員とが半分ずつ負担することになっています。このうち事業主が負担すべき社会保険料は**「法定福利費勘定」**（費用勘定）で、次のように処理します。

① 職員に当月の給料1,000,000円から源泉所得税50,000円、社会保険料（職員負担分）30,000円を控除し、残額を普通預金口座から支払った。

> (借) 職員給与　　80,000　　　(貸) 預り金　　　　80,000
> (借) 職員給与　920,000　　　(貸) 普通預金　　920,000

② ①の職員から預かっていた社会保険料30,000円と事業主負担分30,000円を合わせて、年金事務所に普通預金口座から支払った。

> (借) 預り金　　　　30,000　　　(貸) 普通預金　　30,000
> (借) 法定福利費　　30,000　　　(貸) 普通預金　　30,000

（注）通常、社会保険料の納付期限は月末である。

③ 源泉所得税50,000円を普通預金口座から税務署に納付した。

> (借) 預り金　50,000　　　(貸) 普通預金　50,000

（注）通常、源泉所得税の納付期限は翌月10日である。

（6）出資金

「出資金勘定」は、組合員からの出資金を処理する純資産勘定です。組合員の加入と増資は貸方に、組合員の脱退と減資は借方に記入します。

出資金

組合員の脱退、	組合員の加入、
減資（減少）	増資（増加）

　生協では、組合員ごとに出資金の増減と現有高を正確に記録するために、**「出資金台帳」**を作成します。毎月の出資金の勘定月計票の当月残高と出資金台帳の残高合計は、等しくなければなりません。

設例 22

① 生協に組合員が加入し、出資金5,000円を現金で受け取った。

（借）現　金　5,000　　　（貸）出資金　5,000

② 組合員の脱退手続きが完了し、出資金5,000円を現金で払い戻した。

（借）出資金　5,000　　　（貸）現　金　5,000

〈〈〈〈〈〈〈 練習問題 〉〉〉〉〉〉〉

問1 現金・預金に関する次の仕訳を行いなさい。

(1)　現金250,000円を普通預金に預け入れた。

(2)　商品800,000円を仕入れ、引取運賃5,000円と共に普通預金口座から支払った。
　　　（注）商品仕入れは仕入高勘定を用いること。また、仕入高には引取運賃5,000円を含む。

(3)　現金の実際有高が帳簿残高より2,000円過剰であったので調査したが、原因不明である。
　　　（注）不明については現金過不足勘定を用いること。

(4)　当座預金口座から水道料金が5,000円引き落とされていたが、銀行から当生協への連絡がなく、生協側では仕訳をしていなかった。

(5)　新聞折込用チラシを作成し、印刷代金60,000円を小切手で支払った。
　　　（注）費用は広報費として処理すること。

問2 供給、仕入れに関する次の仕訳を行いなさい。

(1)　商品100,000円を掛けで仕入れた。

(2)　組合員に商品150,000円を掛けで供給した。

(3)　組合員から商品30,000円の返品を受けたため、組合員に対する掛代金と相殺した。

(4)　取引先に商品50,000円を返品し、その取引先に対する買掛金と相殺した。

問3 手形、その他に関する次の仕訳を行いなさい。

(1) 支払手形の満期日となり、500,000円が当座預金から引き落とされた。

(2) 受取手形150,000円が満期日となり、当座預金に入金された。

(3) 大型シュレッダー300,000円を購入したが、まだ支払っていない。
　　(注) 大型シュレッダーは、器具備品勘定で処理すること。

(4) 当生協の組合員が脱退したが、組合員出資金10,000円については、決算日現在、まだ組合員には返還されていない。
　　(注) 脱退手続きは完了しているため出資金の減少とし、まだ組合員に返還していないため預り金で処理すること。

(5) 職員に給料500,000円から源泉所得税10,000円、社会保険料10,000円を控除し、残額を普通預金口座から支払った。ただし、源泉所得税および社会保険料はまだ納付していない。
　　(注)「1対1」の仕訳として処理すること。

【練習問題　解答】 ･･

問1

(1) （借）普通預金　　　250,000　　　（貸）現　金　　　250,000
(2) （借）仕入高　　　　805,000　　　（貸）普通預金　　805,000
(3) （借）現　金　　　　　2,000　　　（貸）現金過不足　　2,000
　　【解説】　実際の有高のほうが帳簿の残高よりも多いため、一時的に帳簿の残高を修正する（P.65参照）。
(4) （借）水道光熱費　　　5,000　　　（貸）当座預金　　　5,000
　　【解説】　未通知であるため、まだ生協側で仕訳が計上されていない。このため、生協側で仕訳を計上する（P.69参照）。
(5) （借）広報費　　　　 60,000　　　（貸）当座預金　　 60,000

〈練習問題〉

問2		
(1) （借）仕入高	100,000	（貸）買掛金	100,000
(2) （借）供給未収金	150,000	（貸）供給高	150,000
(3) （借）供給高	30,000	（貸）供給未収金	30,000
(4) （借）買掛金	50,000	（貸）仕入高	50,000

問3		
(1) （借）支払手形	500,000	（貸）当座預金	500,000
(2) （借）当座預金	150,000	（貸）受取手形	150,000
(3) （借）器具備品	300,000	（貸）未払金	300,000
(4) （借）出資金	10,000	（貸）預り金	10,000
(5) （借）職員給与	20,000	（貸）預り金	20,000
（借）職員給与	480,000	（貸）普通預金	480,000

【解説】 源泉所得税10,000円と社会保険料10,000円の計20,000円を預り金として処理する（P.93参照）。

第4章

決　算

本章の理解CHECK

＊理解した項目に✔を入れましょう。

1 □ 日常の取引仕訳から決算処理までの流れを
理解する

2 □ 試算表を理解する

3 □ 決算整理事項を理解する（仕訳ができる）

4 □ 精算表を理解する

5 □ 伝票締め切り（帳簿の締め切り）を理解する

第4章　決　算

1 決算の意義

（1）決算とは

　事業活動により発生した取引は、すべて伝票などに記録されます。しかし、それだけでは事業活動の経過を体系的に把握することはできません。そこで、一定期間を区切ってその期間中の損益の状況（**「経営成績」**）と、その期間の末日における資産・負債・純資産の状態（**「財政状態」**）を明らかにする必要があります。

　一定期間の末日（**「期末」**または**「決算日」**）に伝票などの記録を整理して、帳簿を締め切り、経営成績と財政状態を明らかにする一連の手続きを**「決算」**といいます。

（2）決算手続き

　決算の具体的な手続きは、次の順序で行われます。

①　試算表の作成

②　決算整理

③　精算表の作成、伝票などの帳簿の締め切り

④　貸借対照表および損益計算書の作成

取引発生から決算、総代会までの流れを図示すると次の通りです。

取引から決算までの流れ

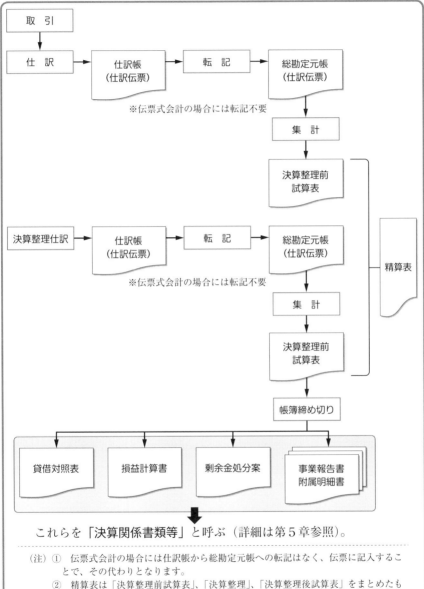

これらを「**決算関係書類等**」と呼ぶ（詳細は第5章参照）。

(注) ① 伝票式会計の場合には仕訳帳から総勘定元帳への転記はなく、伝票に記入することで、その代わりとなります。
② 精算表は「決算整理前試算表」、「決算整理」、「決算整理後試算表」をまとめたもので、貸借対照表や損益計算書の基となる資料です。
③ 「帳簿締め切り」は伝票式会計では、会計年度の最終月度分の「勘定月計票」を締め切ることで帳簿の締め切りになります。

2 試算表の作成

（1）試算表の意義と種類

　取引は、借方と貸方に分解され、勘定科目ごとに勘定月計票に集計されます。その集計が正しく行われているかどうかを確かめるために作られるのが「試算表」です。

　試算表は、勘定月計票の借方と貸方の各合計、または借方と貸方の差引残高の一覧表のことで、「合計試算表」、「残高試算表」、「合計残高試算表」の3種類があります。

① 合計試算表

　各勘定月計票の借方金額・貸方金額を集めて表にしたものです。

設例 1

　器具備品100,000円を購入し、代金は普通預金から支払った。

【解説】

　仕訳と試算表は、次のようになります。

> （借）器具備品　100,000　　　（貸）普通預金　100,000

合計試算表
20XX年3月31日

借　方	勘　定　科　目	貸　方
	普　通　預　金	100,000
100,000	器　具　備　品	
100,000	合　　　　計	100,000

（注）設例以外の取引が発生しなかった場合の試算表です。

102

また、勘定月計票（現金勘定例）と合計試算表の例を以下に示します。

```
            勘 定 月 計 票    ┌承認┬──┬係┬──┐
                              └──┴──┴──┴──┘
┌科目No.┬科目名        ┬区分     ┐
│       │   現  金     │         │
├───┴────────┴─────┤
│(前月末) 借・貸 │借方合計 37枚│貸方合計 40枚│(当月残) 借・貸│
│  200000      │ 1500000    │ 1600000    │ 100000      │
│              ├累計 510枚──┼累計 520枚──┤
│              │ 20040000   │ 20120000   │
│              No.          ××年 3月 31日
```

合計試算表
20XX年3月31日

借　　方	勘　定　科　目	貸　　方
1,500,000	現　　　　　金	1,600,000
1,600,000	普　通　預　金	1,500,000
1,000,000	供　給　未　収　金	900,000
	商　　　　　品	
100,000	器　具　備　品	
150,000	買　　掛　　金	150,000
300,000	短　期　借　入　金	
	出　　資　　金	200,000
	供　　給　　高	2,850,000
2,400,000	仕　　入　　高	
50,000	職　員　給　与	
100,000	旅　費　交　通　費	
7,200,000	合　　　　　計	7,200,000

（注）貸借の合計は必ず一致します。

② 残高試算表

　各勘定月計票の残高を集めたものです。勘定月計票の各勘定の残高が借方にある場合には本表の借方に、貸方に残高のある場合には貸方に記入します。

残高試算表
20XX年3月31日

借　方	勘　定　科　目	貸　方
100,000	現　　　　　　金	
200,000	普　通　預　金	
1,100,000	供　給　未　収　金	
1,000,000	商　　　　　品	
600,000	器　具　備　品	
	買　　掛　　金	200,000
	短　期　借　入　金	200,000
	出　　資　　金	1,600,000
	供　　給　　高	10,000,000
8,000,000	仕　　入　　高	
600,000	職　員　給　与	
400,000	旅　費　交　通　費	
12,000,000	合　　　　　計	12,000,000

（注）貸借の合計は必ず一致します。

③ 合計残高試算表

　合計試算表と残高試算表を一つの表にしたものが合計残高試算表です。合計試算表、残高試算表のどちらか一方だけでは完全な資料は得られないので、合計残高試算表を作成する必要があります。記入手順は、以下の通りです。

ⅰ　勘定月計票の勘定科目を記載します。

ⅱ　各勘定科目の前月繰越残高を、借方もしくは貸方の「前月繰越高」欄に記入します。

ⅲ　勘定月計票の借方合計、貸方合計を借方もしくは貸方の「当月」欄に記入します。

ⅳ　各勘定科目の残高を計算し、その結果を借方もしくは貸方の「残高」

欄に記入します。

ⅴ　各欄の「合計」の貸借の額が一致していることを確認します。

合計残高試算表
20XX年3月31日

借　方			勘定科目	貸　方		
残高	当月	前月繰越高		前月繰越高	当月	残高
100,000	1,500,000	200,000	現　　　金		1,600,000	
200,000	1,600,000	100,000	普 通 預 金		1,500,000	
1,100,000	1,000,000	1,000,000	供 給 未 収 金		900,000	
1,000,000		1,000,000	商　　　品			
600,000	100,000	500,000	器 具 備 品			
	150,000		買 　 掛 　 金	200,000	150,000	200,000
	300,000		短 期 借 入 金	500,000		200,000
			出 　 資 　 金	1,400,000	200,000	1,600,000
			供 　 給 　 高	7,150,000	2,850,000	10,000,000
8,000,000	2,400,000	5,600,000	仕 　 入 　 高			
600,000	50,000	550,000	職 　 員 給 与			
400,000	100,000	300,000	旅 費 交 通 費			
12,000,000	7,200,000	9,250,000	合 　 　 　 計	9,250,000	7,200,000	12,000,000

（2）試算表の貸借不一致

　試算表の借方合計と貸方合計が一致しないときは、どこかに誤りがあるの
で、その原因を究明して訂正しなければなりません。誤りを発見する方法と
しては、次のようなものがあります。

〈貸借不一致の調査方法例〉

① 試算表を上の行からではなく、下の行から検算してみる。

② 借方合計と貸方合計との差額を計算し、これを手掛かりに調査する。

　イ 差額が9で割り切れるケース

　数字の入れ替えや桁数の記入間違いが、不一致の原因であることが考

105

えられます。➡［例1］および［例2］

ロ　差額が2で割り切れるケース

　試算表に転記する際に、ある勘定科目の貸借を逆に記入した可能性が
あります。➡［例3］

［例1］

　合計試算表の借方合計が10,700,000、貸方合計は7,100,000で、3,600,000円
の差額があった。

・差額の3,600,000円は9で割り切れる。

・勘定月計票の記載額と照合したら、現金勘定の借方合計1,500,000と記入
　すべきところを5,100,000と、数字を入れ替えて記入していた。

［例2］

　合計試算表の借方合計が20,600,000、貸方合計は7,100,000で、13,500,000
円の差額があった。

・差額の13,500,000円は9で割り切れる。

・勘定月計票の記載額と照合したら、現金勘定の借方合計1,500,000と記入
　すべきところを15,000,000と、桁数を間違えて記入していた。

［例3］

　合計試算表の借方合計が5,600,000、貸方合計は8,600,000で、3,000,000円
の差額があった。

・差額の3,000,000円を2で割ると1,500,000円になる。

・勘定月計票の記載額と照合したら、現金勘定の借方合計1,500,000を合計
　試算表の貸方に記入していた。

③　試算表の各勘定残高と勘定月計票残高を照合する。

④　勘定月計票の残高を計算し直す。

⑤　①～④の方法で原因がわからない場合には、仕訳伝票のＡ票・Ｂ票・
　Ｃ票をすべて突き合わせる。

★試算表の限界

　試算表を作成して、借方と貸方それぞれの合計が一致すれば、勘定月計票の集計は正しく行われたことになります。このように、複式簿記は試算表を通じて、勘定月計票の計算を確かめることができます。このことを複式簿記の「**自己検証機能**」といいます。

　しかし、試算表の合計額が貸借一致したとしても、それはすべての取引が正しく記録・分類されたことまで保証するものではなく、以下のように、試算表では発見できない誤りもあります。

　①　仕訳で勘定科目を間違えた場合

　　　例えば、供給未収金勘定を未収金勘定にしてしまった。

正：	（借）現　金	1,000	（貸）供給未収金	1,000
誤：	（借）現　金	1,000	（貸）未収金	1,000

　②　勘定科目を誤って他の勘定科目に含めた場合

　　　例えば、現金勘定に含めるべきなのに、普通預金勘定に含めてしまった。

　③　仕訳の金額を間違えた場合

　　　例えば、貸借の金額を10,000と記入するところ、1,000としてしまった。

　④　取引が発生したのに仕訳をまったく行わなかった場合

　⑤　同じ取引を二度仕訳した場合

3　決算整理

（1）決算整理の意義

　決算に当たり、勘定月計票の記録が取引事実と違っていたり、まったく記録されていないものを発見したりした場合には、修正をするか新しく記録をしなければなりません。また、決算日現在の現金・預金や商品の有高の決定、一会計期間の収益や費用の確定などもする必要があります。このための手続

きが「**決算整理**」です。また、決算整理を必要とする事柄を「**決算整理事項**」といい、そのための仕訳を「**決算整理仕訳**」といいます。

決算整理は、次の手続きで行われます。

① 　勘定明細表の作成と誤謬（ごびゅう）の訂正
② 　供給原価の計算と期末商品棚卸高の決定
③ 　減価償却費の計上
④ 　損益の繰り延べと見越し
⑤ 　引当金の計上

（２）勘定明細表の作成と誤謬の訂正

試算表作成後は勘定科目ごとに、その内容を点検する必要があります。

現金勘定を例に説明しましょう。日々の入出金は仕訳伝票に記入され、現金・預金出納帳に転記されます。従って、出納帳の現金残高欄と勘定月計票は当然一致するはずですし、さらに、現金の実際有高を実査によって確かめなければなりません。すなわち、現金勘定については、

$$
\text{勘定月計票残高} \quad = \quad \text{出納帳残高} \quad = \quad \text{現金実際有高}
$$

となって、初めて記録の正確性が確認されます。

以上のような手続きを勘定科目ごとに実施するために作成されるものが、勘定明細表およびその他の補助簿です。

（３）供給原価の計算と期末商品棚卸高の決定

① 　供給剰余金

「**供給剰余金**」（「**荒利益**」または「**GP（Gross Profit）**」）は、一会計期間の供給高から供給原価を差し引いて計算します。

$$
\text{供給剰余金} \quad = \quad \text{供給高} \quad - \quad \text{供給原価}
$$

② 供給原価の計算

「**供給原価**」は、一会計期間に供給した商品の原価をいいます。供給原価は、次の算式で計算します。

> 供給原価 = 期首商品棚卸高 + 当期商品仕入高 − 期末商品棚卸高

商品を仕入れた場合、その金額を仕入高勘定の借方に記入します。仕入高勘定は費用勘定で、期末残高が「**当期商品仕入高**」に該当します。

しかし、仕入れた商品のすべてが供給されるわけではなく、残ってしまうものもあります（「**商品棚卸高**」（「**商品在庫**」または「**商品有高**」））。

従って、仕入金額をすべて費用とすることは適当ではなく、期末に供給されずに残った商品在庫分は当期の費用にならないように差し引く必要があり、この差し引く項目が「**期末商品棚卸高**」です。

さらに、前期末の商品在庫である「**期首商品棚卸高**」を当期商品仕入高に加えることにより、当期の供給原価が算定されます。

なお、期首商品棚卸高および期末商品棚卸高は「**商品勘定**」（または「**繰越商品勘定**」）を用いて処理します。

③ 決算整理仕訳

供給原価の算定のために、商品勘定と仕入高勘定を用いて仕訳を行います。

設例 2

決算日に供給原価を算定し、期末商品棚卸高を決定することとした。決算整理前の総勘定元帳の残高（商品および仕入高）は、次の通りである。決算整理仕訳を行いなさい。なお、期末商品の有高は30,000円である。

商　品	仕入高
期首　20,000	110,000

【解答】

① （借）仕入高　20,000　　　（貸）商　品　20,000
② （借）商　品　30,000　　　（貸）仕入高　30,000

【解説】

①　期首商品棚卸高（商品勘定）20,000円を仕入高勘定に振り替えることにより仕入高勘定の借方に20,000円が加えられ、同時に商品勘定はいったんゼロになります。

②　期末商品棚卸高（商品勘定）30,000円を仕入高勘定から控除すると同時に、商品勘定の借方に30,000円を記入することにより、期末商品の有高を明らかにします。また、当期に供給可能な原価から期末商品棚卸高を差し引いた額が供給原価です。

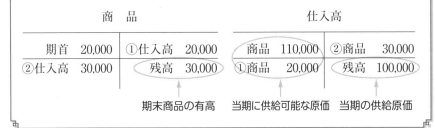

商 品		仕入高	
期首　20,000	①仕入高　20,000	商品　110,000	②商品　30,000
②仕入高　30,000	残高　30,000	①商品　20,000	残高　100,000

期末商品の有高　　当期に供給可能な原価　　当期の供給原価

④商品管理表

　商品管理上、入庫・出庫・残高をそのつど記録しておくべきですが、現実には不可能です。そこで、「商品管理表」の作成が必要になります。商品管理表は、納品書のうちの品種別分類を活用することによって作成します。

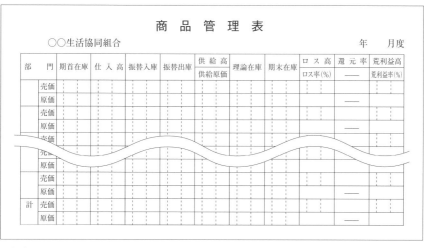

（注）商品管理表中の「振替入庫」と「振替出庫」は、生協内の他事業所・他部門間の商品の入出を示します。そこで、これらも仕入高に含めて考えます。

商品管理表は、商品部門別に商品管理を行うための数表です。売価欄では、次の算式によって**理論棚卸高**（計算棚卸高）を計算します。

理論棚卸高（売価）＝期首棚卸高（売価）＋仕入高（売価）－供給高

次に、月末の「実地棚卸高（売価）」を記入します。

知識の補強❷

★理論棚卸高と実地棚卸し

　帳簿上の商品の有高（理論棚卸高）が正しいかどうかを確かめるために行うのが「**実地棚卸し**」です。また、実地棚卸しの結果を記録した表を「**商品棚卸表**」といいます。

　理論棚卸高よりも実地棚卸高が少ない場合には**「商品ロス」**となり、その原因を究明する必要が生じます。

商 品 棚 卸 表

部 門〔　　〕　　　　　　　　　　　　　　　　　　棚 番〔　　〕

品　　名　（規　格）	数　量	売　価		原　価	
		単価	金　額	単価	金　額

⑤商品の評価方法

　期末商品棚卸高は商品の在庫数量と共に、その原価を決めなければなりません。期末商品の金額の決定を商品の評価といい、評価方法には、次のようなものがあります。

　①個別法、②先入先出法、③総平均法、④移動平均法、⑤最終仕入原価法、⑥売価還元法

ここでは、生協で広く使用されている2つの方法を、以下に紹介します。

イ　最終仕入原価法

　決算日に最も近い最終の仕入原価で、期末商品有高を評価する方法です。

ロ　売価還元法

　期末の商品を売価で棚卸しし、これに原価率を乗じて得られた額を期末棚卸高とする方法です。

$$期末商品棚卸高（原価）＝期末商品売価棚卸高×原価率$$

$$原価率 ＝ \frac{期首商品棚卸高（原価）＋仕入高（原価）}{供給高＋期末商品棚卸高（売価）}$$

設例 3

次の数値を基に、原価率と期末商品有高（原価）を求めなさい。

期首商品棚卸高（原価）　　1,960,000円
仕　　入　　高（原価）　　5,800,000円
供　　給　　高　　　　　　7,700,000円
期末商品棚卸高（売価）　　2,000,000円

【解答】

$$原価率 = \frac{1,960,000 + 5,800,000}{7,700,000 + 2,000,000} = \frac{7,760,000}{9,700,000} = 0.8 = 80\%$$

期末商品有高（原価）＝ 2,000,000 × 80％ ＝ 1,600,000円

（4）減価償却費の計上

① 減価償却の意義

　建物、車両運搬具、器具備品などの固定資産は、長期間にわたって事業に使用されます。これらは、年々その価値が減少し、やがて使用できなくなってしまいます。例えば、器具備品を500,000円で購入したが、10年後に使用できなくなったので処分したとします。この場合、購入したとき、あるいは処分したときに500,000円全額を費用とすることは適切ではなく、使用した10年間に割り振って費用とすべきです。

　固定資産の取得原価を、各事業年度にわたって費用として配分する手続きが**「減価償却」**です。そして、該当する事業年度の決算において、配分された取得原価を**「減価償却費勘定」**（費用勘定）として計上します。

（注）減価償却の対象となる固定資産を**「減価償却資産」**といいます。例えば、土地は固定資産ですが、減価償却の対象となりません。

② 減価償却費の計算

イ 減価償却の3要素

減価償却費の計算には、次の3つの要素が必要です。

> 取得原価：資産を取得したときの価額
> 耐用年数：資産を取得してから処分するまでの使用可能期間
> 残存価額：使用できなくなって処分するときの価額。なお、今日では残存
> 　　　　　価格はゼロとして計算しています。

ロ 計算方法

減価償却費の代表的な計算方法としては、**「定額法」**と**「定率法」**があります。また、資産の耐用年数ごとに**「償却率」**が設けられています。

(イ) 定額法

取得原価を耐用年数で除して、毎期の減価償却費を計算する方法です。実務では、取得原価に償却率を乗じて計算します。

（注）例えば、償却率0.100というのは耐用年数が10年を意味します。
　　　耐用年数が10年であれば、1年間の減価償却の償却率は「1年÷10年＝0.100」です。

> 減価償却費　＝　取得原価　÷　耐用年数
> 　　　　　　　　　　または
> 減価償却費　＝　取得原価　×　償却率

(ロ) 定率法

減価償却費が一定の割合で少なくなっていく計算方法です。つまり、固定資産を取得した最初の事業年度に減価償却費の金額が大きく、事業年度が進むにつれて、だんだんその額が小さくなっていきます。

毎期の減価償却費の計算は、**「帳簿価額」**に償却率を乗じます。帳簿価額とは、取得原価から**「減価償却累計額」**を差し引いた価額です。また減価償却累計額とは、前事業年度までに減価償却費として計上した金額の累計額をいいます。

減価償却費＝帳簿価額（取得原価－減価償却累計額）×償却率

（注）定率法の償却率は、例えば、耐用年数が10年であれば、0.250と決められています。

設例 4

　期首に器具備品2,000,000円を購入した。耐用年数は10年である。

　定額法の償却率は0.100、定率法の償却率は0.250である。それぞれの方法の取得以後3年間の減価償却費と減価償却累計額を求めなさい。

【解答】

① 定額法

経過年数	取得原価	期首帳簿価額	減価償却費	減価償却累計額
1年目期末	2,000,000	—	200,000	200,000
2年目期末		1,800,000	200,000	400,000
3年目期末		1,600,000	200,000	600,000

　各期の減価償却費＝2,000,000×0.100＝200,000

② 定率法

経過年数	取得原価	期首帳簿価額	減価償却費	減価償却累計額
1年目期末	2,000,000	—	500,000	500,000
2年目期末		1,500,000	375,000	875,000
3年目期末		1,125,000	281,250	1,156,250

　1年目の減価償却費＝2,000,000×0.250＝500,000

　2年目の減価償却費＝1,500,000×0.250＝375,000

　3年目の減価償却費＝1,125,000×0.250＝281,250

ハ 事業年度の途中で固定資産を取得した場合

　減価償却資産を事業年度の途中で取得し、事業の用に供した場合の減価償却費の計算は、次のように期間按分します。

$$1年分の減価償却費 \times \dfrac{その事業の用に供した日から事業年度末までの月数}{その事業年度の月数（12カ月）}$$

（分数の分子の月数計算において、1カ月未満の端数が生じた場合は1カ月とします。）

設例 5

　当事業年度（事業年度は4月1日から3月31日まで）の8月1日に器具備品500,000円を取得した。耐用年数5年（償却率0.200）、定額法で計算し、円未満の端数は切り捨てる。この場合の減価償却費を求めなさい。

【解答】

減価償却費＝取得原価500,000円×償却率0.200×$\dfrac{8カ月}{12カ月}$ ＝66,666円

【解説】

　事業年度の途中である8月1日に取得しています。その事業年度の事業の用に供した日から事業年度末日までの月数は8カ月です。

---

③ 減価償却費の記帳方法

　減価償却費の記帳方法には、「**直接法**」と「**間接法**」があります。

イ 直接法

　減価償却費を減価償却費勘定（費用勘定）の借方に、その固定資産勘定を貸方に記入する方法で、固定資産の帳簿価額を直接減額します。

ロ　間接法

　減価償却費を固定資産の帳簿価額から直接減額せずに、減価償却累計額勘定（資産をマイナスさせる勘定）の貸方に記入します。この方法によれば、減価償却費の金額を帳簿価額から間接的に控除することになります。

　減価償却累計額は、固定資産勘定から減価分を間接的に控除することによって固定資産勘定の現在価額を示すので、**「評価勘定」**とも呼ばれます。

　なお、間接法は、取得原価が帳簿上明らかであり、また、過去において計上された減価償却費の合計額が減価償却累計額として明確になります。そのため、通常は間接法で記帳します。

設例 **6**

　当期首に器具備品2,000,000円を取得した。決算日（3月31日）における減価償却費を計算し、記帳しなさい（直接法と間接法をそれぞれ行う）。耐用年数は10年（償却率0.100）、定額法により計算すること。

【解答】
減価償却費の計算：取得原価2,000,000×償却率0.100＝200,000

〈直接法〉

① 仕　訳

> （借）**減価償却費　200,000**　　　（貸）**器具備品　200,000**

② 勘定口座への記入

器具備品		減価償却費	
期首　2,000,000	3/31　200,000	3/31　200,000	
	残高　1,800,000		

（注）器具備品勘定を直接減額します。

117

〈間接法〉

① 仕 訳

> (借) 減価償却費 200,000 (貸) 減価償却累計額 200,000

② 勘定口座への記入

器具備品

期首 2,000,000	
	残高 2,000,000

減価償却費

3/31 200,000	

減価償却累計額

	3/31 200,000

(注) 器具備品勘定は取得原価のまま。このため、減価償却累計額によって間接的に器具備品の帳簿価額が分かります。

知識の補強 3 ‖‖

★固定資産を売却した場合

固定資産を売却したときに、帳簿価額よりも高く売れれば売却益が、帳簿価額よりも安く売れなければ売却損がでます。

① 高く売れたとき

帳簿価額800,000円（取得原価2,000,000円、減価償却累計額1,200,000円）の器具備品が1,000,000円で現金で売れた場合

> (借)現　金　　　1,000,000 (貸)器具備品　　　2,000,000
> 　　減価償却累計額　1,200,000 　　器具備品売却益　　200,000

② 安く売れたとき

帳簿価額800,000円（取得原価2,000,000円、減価償却累計額1,200,000円）の器

具備品が500,000円で現金で売れた場合

(借)現　　　　　金	500,000	(貸)器具備品	2,000,000
減価償却累計額	1,200,000		
器具備品売却損	300,000		

（5）損益の繰り延べと見越し

①　現金主義と発生主義

　地代家賃、保険料や支払利息・受取利息など、現金での収入や支出（現金収支）があった場合、そのときに仕訳をするのが普通です。このように現金収支で損益を計算することを「**現金主義**」といいます。

　その収入や支出が、すべてその事業年度の収益や費用となるのであれば問題ありません。しかし、実際には、現金収支だけで損益を計算することはできません。なぜなら、掛けでの供給や仕入れがあったり、収益の前受けや未収、費用の前払いや未払いなどもあるからです。従って、損益を正確に計算するためには、現金収支に関係なく、その事業年度に発生した収益・費用の額に基づいて損益を計算する必要があり、これを「**発生主義**」といいます。簿記上、この発生主義の考え方を取り入れたものが「**損益の繰り延べと見越し**」です。

②　繰り延べ

イ　費用の繰り延べ

　当期に支払った費用の額のうち、次期以降の費用に該当する分は、当期の費用の額から差し引きます。その理由は、すでに対価の支払いは終了していても、いまだ役務の提供がされていない部分について、当期の費用として計上することは正しくないからです。

　これを「**費用の繰り延べ**」といい、相手勘定として用いられるのが「**前払費用勘定**」（資産勘定）です。前払費用は、当期の費用とならない部分について、いったん費用勘定を消滅させると同時に、資産勘定に振り替える際に用いる勘定科目です。

設例 7

　当期の2月1日に、1年分の保険料240,000円を現金で支払った。翌期の費用とすべき部分を費用の繰り延べとして処理しなさい。当期の会計期間（事業年度）は4月1日から3月31日である。

【解答】

> （借）前払費用　200,000　　　　（貸）支払保険料　　200,000

【解説】

```
        支払日           決算日
         2/1             3/31                                    1/31
─────────┼───────────────┼────────────────────────────────────────┤
     当期の費用（40,000円）         翌期の費用（200,000円）
```

①　2月1日支払い時の仕訳

> （借）支払保険料　240,000　　　　（貸）現金　　240,000

②　決算日（3月31日）において、翌期分を繰り延べる。

> （借）前払費用　200,000　　　　（貸）支払保険料　　200,000

ロ　収益の繰り延べ

　当期に受け取った収益の額のうち、次期以降の収益に該当する分は、当期の収益の額から差し引きます。その理由は、すでに対価の受け取りは終了していても、いまだ役務の提供をしていない部分について、当期の収益として計上することは正しくないからです。

120

これを「**収益の繰り延べ**」といい、相手勘定として用いられるのが「**前受収益勘定**」（負債勘定）です。前受収益は、当期の収益とならない部分について、いったん収益勘定を消滅させると同時に、負債勘定に振り替える際に用いる勘定科目です。

設例 8

当期の2月1日に、1年分の銀行利息240,000円を現金で受け取った。翌期の収益とすべき部分を収益の繰り延べとして処理しなさい。当期の会計期間（事業年度）は4月1日から3月31日である。

【解答】

> （借）受取利息　200,000　　（貸）前受収益　　200,000

（注）前受収益は、前受利息といった具体的な勘定科目名を用いてもよいです。

【解説】

```
受取日            決算日
2/1              3/31                                    1/31
 |----------------|---------------------------------------|
   当期の収益（40,000円）      翌期の収益（200,000円）
```

① 2月1日受け取り時の仕訳

> （借）現金　240,000　　（貸）受取利息　　240,000

② 決算日（3月31日）において、翌期分を繰り延べる。

> （借）受取利息　200,000　　（貸）前受収益　　200,000

③ 見越し
イ 費用の見越し

　当期において、いまだ支払いをしていない費用のうち、当期の費用とすべき分がある場合、その分を当期の費用の額として計上します。対価の支払いが終わっていなくても、費用が発生していると考えるからです。

　これを**「費用の見越し」**といい、相手勘定は**「未払費用勘定」**（負債勘定）を用います。未払費用は、当期の費用となる部分について、いったん費用勘定を発生させ、同時に負債勘定を新たに登場させる勘定科目です。

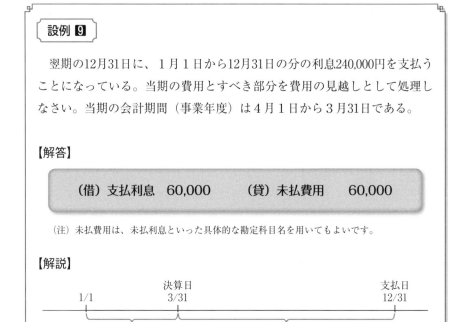

設例 **9**

　翌期の12月31日に、1月1日から12月31日の分の利息240,000円を支払うことになっている。当期の費用とすべき部分を費用の見越しとして処理しなさい。当期の会計期間（事業年度）は4月1日から3月31日である。

【解答】

　（借）支払利息　60,000　　　（貸）未払費用　　60,000

（注）未払費用は、未払利息といった具体的な勘定科目名を用いてもよいです。

【解説】

```
             決算日                              支払日
 1/1         3/31                              12/31
  └───────────┴──────────────────────────────────┘
  当期の費用（60,000円）    翌期の費用（180,000円）
```

ロ 収益の見越し

　当期において、いまだ受け取っていない収益のうち、当期の収益とすべき分がある場合、その分を当期の収益の額として計上します。対価の受け取りが終わっていなくても、収益が発生していると考えるからです。

122

　これを「**収益の見越し**」といい、相手勘定は「**未収収益勘定**」（資産勘定）を用います。未収収益は、当期の収益となる部分について、いったん収益勘定を発生させ、同時に資産勘定を新たに登場させる勘定科目です。

設例 🔟

　翌期の12月31日に、1月1日から12月31日の分の利息240,000円を受け取ることになっている。当期の収益とすべき部分を収益の見越しとして処理しなさい。当期の会計期間（事業年度）は4月1日から3月31日である。

【解答】

> （借）未収収益　60,000　　（貸）受取利息　60,000

（注）未収収益は、未収利息といった具体的な勘定科目名を用いてもよいです。

【解説】

```
                決算日                        受取日
  1/1           3/31                         12/31
   ├─────────────┼────────────────────────────┤
   当期の収益（60,000円）   翌期の収益（180,000円）
```

---

④ 経過勘定

　損益の繰り延べや見越しのために、一時的に設けられる資産勘定や負債勘定を「**経過勘定**」といいます。まとめると次表のようになります。

繰り延べ・見越し区分	勘定科目	要素分類
費用の繰り延べ	前払費用	資産
収益の繰り延べ	前受収益	負債
費用の見越し	未払費用	負債
収益の見越し	未収収益	資産

（6）引当金の計上

　引当金は、将来において費用の発生が見込まれる場合、当期分の金額を当期の費用として処理し、それに対応する金額を負債勘定（引当金）として計上するものです。引当金の計上には、次のすべての要件が必要です。

> イ　将来の特定の費用であること
> ロ　その費用が当期以前の事象に起因して発生するものであること
> ハ　発生の可能性が高いこと
> ニ　その金額を合理的に見積もることができること

①　貸倒引当金の計上

イ　意　義

　供給未収金などは、すべてを回収できずに将来「**貸し倒れ**」（回収不能）となる可能性もあります。そこで、貸し倒れ分を見積もり、費用に計上して、確実に回収できる部分のみ債権として残しておきます。しかし、まだ現実に貸し倒れが生じたわけではないので、供給未収金を直接減らすことは適当ではなく、「**貸倒引当金勘定**」（負債勘定または資産のマイナス勘定）の貸方に記入します。その相手勘定として「**貸倒引当金繰入額勘定**」（費用勘定）を計上します。

(注) 資産のマイナス勘定とは、最終的に貸借対照表において資産を控除する形式で資産の側に表示するために設けられる勘定です。ただし、勘定口座では負債勘定として集計されます。

設例 11

　3月31日の決算日において、供給未収金残高1,000,000円に対して2％の貸倒れを見積もった。貸倒引当金を計上しなさい。

【解答】

　①　貸倒引当金の額の算定：1,000,000円 × 2％ = 20,000円

---

② 決算仕訳

> （借）貸倒引当金繰入額　20,000　　（貸）貸倒引当金　20,000

ロ　貸倒引当金の経理処理方法

　貸倒引当金は、毎期末の債権金額が異なれば、設定金額も異なります。従って、毎決算日にその金額を見直さなければなりません。

　この見直しをした結果、前期末の貸倒引当金の残高と差が生じた場合に修正をします。その方法には**「差額繰入法」**と**「洗替法」**があります。

（注）差額繰入法が原則です。

㈤　差額繰入法

　当期末の貸倒引当金の見積額が前期末の額よりも大きい場合に、その差額を貸倒引当金繰入額として処理する方法です。

> （借）貸倒引当金繰入額　XXX　　（貸）貸倒引当金　　XXX

㈭　洗替法

　いったん前期末の残高を取り消し、再度当期末の見積額を貸倒引当金繰入額として計上する方法です。

> （借）貸倒引当金　　　　XXX　　（貸）貸倒引当金繰入額　XXX
> （借）貸倒引当金繰入額　XXX　　（貸）貸倒引当金　　　　XXX

設例 **12**

　決算日に、供給未収金残高10,000,000円に対して、200,000円の貸し倒れを見積もった。ただし、前期末計上の貸倒引当金の残高が150,000円ある。差額繰入法で処理すること。

【解答】

> （借）貸倒引当金繰入額　50,000　　（貸）貸倒引当金　50,000

【解説】

　期首の貸倒引当金150,000円が、そのまま期末まで残っています。当期末の貸し倒れの見積額は200,000円なので、差額の50,000円を追加で補充します。勘定口座は次のようになります。

貸倒引当金繰入額		貸倒引当金	
貸倒引当金　50,000		期末残高 200,000	期首残高　150,000 貸倒引当金繰入額　50,000

〈参考〉

　洗替法で処理した場合の仕訳は、次のようになります。

（借）貸倒引当金	150,000	（貸）貸倒引当金繰入額	150,000
（借）貸倒引当金繰入額	200,000	（貸）貸倒引当金	200,000

ハ　期中に貸し倒れが生じた場合

　前期末に設定していた貸倒引当金の対象となる債権が期中に貸し倒れとなった場合には、貸倒引当金の残高の額により処理方法が異なります。

（イ）貸し倒れた金額が貸倒引当金の残高以下である場合

貸倒相当額に貸倒引当金の残高を充当します。

（ロ）貸し倒れた金額が貸倒引当金の残高よりも大きい場合

　　貸倒相当額に貸倒引当金の残高を充当し、さらに残高を超える部分の金額は**「貸倒損失勘定」**（費用勘定）として処理します。

設例 13

　期首貸倒引当金の残高が150,000円あり、貸倒引当金として引き当ての対象としていた供給未収金が期中に貸し倒れた。貸し倒れた金額が100,000円の場合と200,000円の場合、それぞれの仕訳をしなさい。

〈貸し倒れた金額＝100,000円の場合〉

【解答】

（借）貸倒引当金	100,000	（貸）供給未収金	100,000

【解説】

　100,000円（貸し倒れた金額）≦150,000円（期首貸倒引当金残高）なので、貸倒引当金の残高で貸倒損失分をすべて充当します。

〈貸し倒れた金額＝200,000円の場合〉

【解答】

（借）貸倒引当金	150,000	（貸）供給未収金	200,000
貸倒損失	50,000		

【解説】

　200,000円＞150,000円のため、貸倒引当金の残高を超える部分は、貸倒損失を発生させます。

② 賞与引当金

　日本では一般的に、6月もしくは7月、そして12月に職員・従業員に賞与を支払う慣行があります。例えば、賞与支給月が6月と12月の場合、6月から11月分を12月に、また、12月から翌年5月分を6月に支給します。

　このうち、12月1日から3月31日までの4カ月分については、当期の費用とする必要があります。このため、決算日においてその4カ月分を**「賞与引当金勘定」**（負債勘定）として見積もり計上し、相手勘定として**「賞与引当金繰入額勘定」**（費用勘定）を計上します。賞与引当金は、負債の見積もり額を表していますので**「負債性引当金」**とも呼ばれます。

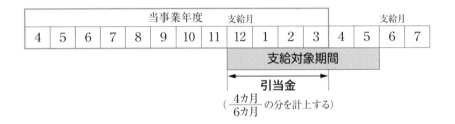

				当事業年度				支給月						支給月	
4	5	6	7	8	9	10	11	12	1	2	3	4	5	6	7

支給対象期間

引当金

$(\dfrac{4カ月}{6カ月}$の分を計上する$)$

設例 14

　当生協の決算日は、3月31日である。翌事業年度の6月に12月1日から5月31日の6カ月分の賞与として、24,000,000円を支給する予定である。当期分を賞与引当金として計上しなさい。

【解答】

> （借）賞与引当金繰入額 16,000,000　（貸）賞与引当金 16,000,000

【解説】

　賞与支給額（6カ月分）のうち、当期分として4カ月分を計上します。

---

③　退職給付引当金

　退職金を支払う規程がある場合、職員が退職すれば、退職金を支払わなければなりません。退職金は給与の後払いと考えられていますので、支払ったときに全額を費用とするのは合理的ではありません。そこで、毎期、退職金の増加額を**「退職給付費用勘定」**（費用勘定）として見積もり計上し、その相手勘定として**「退職給付引当金勘定」**（負債勘定）を計上します。退職給付引当金も賞与引当金と同様に、負債性引当金の一つです。

設例 15

　決算日において、職員分の退職給付引当金を5,000,000円と見積もった。仕訳を計上しなさい。

【解答】

　(借)退職給付費用　5,000,000　(貸)退職給付引当金　5,000,000

4　精算表の作成

（1）精算表の意義と構造

　決算整理前の残高試算表から、損益計算書と貸借対照表を作成する過程を一覧表で示したものが**「精算表」**です。

　精算表は、「決算整理前試算表」、「整理記入」、「決算整理後試算表」、「損益計算書」、「貸借対照表」の各欄から成っており、複式簿記の基本構造を示しています。試算表や精算表の構造を表す式を**「試算表等式」**といいます。

　第1章で学んだ財産法と損益法は、次の等式で当期剰余金を求めました。

〈財産法〉

資産－負債－純資産＝当期剰余金

〈損益法〉

収益－費用＝当期剰余金

これらの等式はいずれも右辺が当期剰余金ですので、次の等式にまとめることができます。

資産 － 負債 － 純資産 ＝ 収益 － 費用

また、この等式のマイナス項目を移項すると次の等式に変換できます。

資産 ＋ 費用 ＝ 負債 ＋ 純資産 ＋ 収益

図で表すと以下のようになります（資産が1,000、負債が600、純資産が300、収益が800、費用が700、当期剰余金が100と仮定します）。

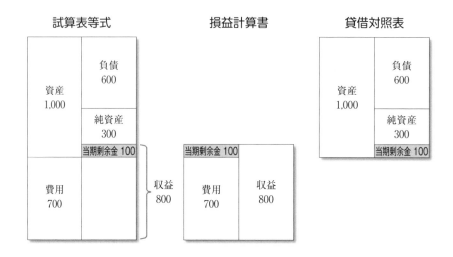

（2）精算表の作成

精算表

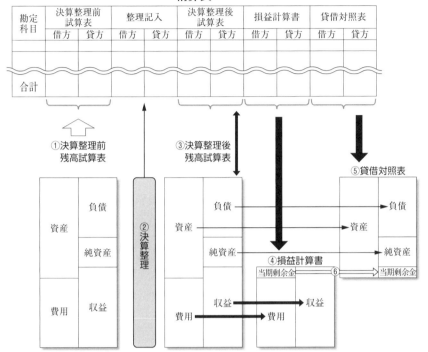

勘定科目	決算整理前試算表		整理記入		決算整理後試算表		損益計算書		貸借対照表	
	借方	貸方	借方	貸方	借方	貸方	借方	貸方	借方	貸方
合計										

精算表の作成手順

① 　決算整理前残高試算表の勘定科目の残高を、そのまま「決算整理前試算表」欄に移記し、貸借合計金額の一致を確認します。貸借合計金額一致の確認は、以下②～⑤においても行います。

② 　決算整理仕訳を「整理記入」欄に記入します。伝票においても決算整理仕訳を行います。

③ 　勘定科目ごとに、「決算整理前試算表」欄に「整理記入」欄の金額をプラスあるいはマイナスして、「決算整理後試算表」欄に記入します。

④ 　「決算整理後試算表」欄から収益・費用勘定に属するものを、「損益計算書」欄に移記します。貸方合計金額から借方合計金額を差し引いた残額を求め、その金額を当期剰余金の借方欄に記入します。

131

⑤ 「決算整理後試算表」欄から資産・負債・純資産勘定に属するものを、「貸借対照表」欄に移記します。借方合計金額から貸方合計金額を差し引いた残額を求め、その金額を当期剰余金の貸方欄に記入します。

⑥ ④と⑤で求めた当期剰余金の金額の一致を確認します。

設例 16

次の決算整理事項に基づいて、精算表を完成させなさい。当期は、4月1日から3月31日までとする。

〈決算整理事項〉

① 期末の商品棚卸高は1,200,000円である。供給原価の計算は、仕入高勘定で行うこと。また、仕入高勘定は相殺しないで記載すること。

② 当期に取得した器具備品の減価償却費は100,000円とし、間接法で処理すること。決算整理前試算表は、以下の通りである。

精算表

勘定科目	決算整理前試算表		①整理記入		②決算整理後試算表		③損益計算書		④貸借対照表	
	借方	貸方	借方	貸方	借方	貸方	借方	貸方	借方	貸方
現金	100,000									
普通預金	300,000									
供給未収金	1,100,000									
商品	1,000,000									
器具備品	500,000									
買掛金		200,000								
短期借入金		200,000								
減価償却累計額										
出資金		1,600,000								
供給高		10,000,000								
仕入高	8,000,000									
職員給与	600,000									
その他経費	400,000									
減価償却費										
当期剰余金										
合 計	12,000,000	12,000,000								

132

【解答】

精算表

勘定科目	決算整理前試算表		①整理記入		②決算整理後試算表		③損益計算書		④貸借対照表	
	借方	貸方	借方	貸方	借方	貸方	借方	貸方	借方	貸方
現金	100,000				100,000				100,000	
普通預金	300,000				300,000				300,000	
供給未収金	1,100,000				1,100,000				1,100,000	
商品	1,000,000		1,200,000	1,000,000	1,200,000				1,200,000	
器具備品	500,000				500,000				500,000	
買掛金		200,000				200,000				200,000
短期借入金		200,000				200,000				200,000
減価償却累計額				100,000		100,000				100,000
出資金		1,600,000				1,600,000				1,600,000
供給高		10,000,000				10,000,000		10,000,000		
仕入高	8,000,000		1,000,000	1,200,000	8,000,000 / 1,000,000	1,200,000	8,000,000 / 1,000,000	1,200,000		
職員給与	600,000				600,000		600,000			
その他経費	400,000				400,000		400,000			
減価償却費			100,000		100,000		100,000			
当期剰余金							1,100,000			1,100,000
合　計	12,000,000	12,000,000	2,300,000	2,300,000	13,300,000	13,300,000	11,200,000	11,200,000	3,200,000	3,200,000

【解説】

① 決算整理仕訳と「整理記入」欄の記入

イ　供給原価の算定

（借）仕入高　　　1,000,000　　（貸）商品　　　1,000,000

（借）商品　　　　1,200,000　　（貸）仕入高　1,200,000

ロ　減価償却費の計上

（借）減価償却費　100,000　　　（貸）減価償却累計額　100,000

決算整理仕訳を「整理記入」欄に仕訳形式で記入します。

「整理記入」欄の貸借合計金額の一致を確認します。

② 「決算整理後試算表」欄の記入

〈決算整理の対象外の科目〉

「決算整理前試算表」欄の科目を、そのまま借方または貸方に移記します。

〈商品勘定〉

イ　「決算整理前試算表」欄の借方（期首残高）1,000,000円を「整理記入」

欄の貸方に記載することで、ゼロとなります。

ロ　期末商品棚卸高1,200,000円は、借方に記入します。

〈仕入高〉

イ　「決算整理前試算表」欄の借方8,000,000円と「整理記入」欄の借方1,000,000円を、2段にわたり記入します。

ロ　「整理記入」欄の貸方1,200,000円を、貸方に移記します。

　「決算整理後試算表」欄の貸借合計金額の一致を確認します。

③　「損益計算書」欄の記入

〈供給高および費用勘定〉

　「決算整理後試算表」欄の金額を、そのまま借方または貸方に移記します。なお、仕入高の借方も、供給原価の算定過程を明確にするため、2段書きで移記します。

〈当期剰余金の算出〉

　貸方と借方の合計金額の差額を当期剰余金の借方に記入します。

④　「貸借対照表」欄の記入

〈資産・負債および純資産勘定〉

　「決算整理後試算表」欄の金額を、そのまま借方または貸方に移記します。

〈当期剰余金の算出〉

　借方と貸方の合計金額の差額を、当期剰余金の貸方に記入します。

⑤　当期剰余金額の確認

　「損益計算書」欄と「貸借対照表」欄の当期剰余金額の一致を確認します。

5 勘定月計票などの締め切り

　決算本手続きの最後に、勘定月計票を締め切り、整理しなければなりません。勘定月計票は、日々起票される借方票と貸方票の集計票であり、それらが一体となって「総勘定元帳」の役割を果たすものですから、1年分を勘定科目ごとに製本する必要があります。

　また、月ごとに作成する月次試算表および期末に作成する精算表も勘定月計票と一体となって、伝票式会計の欠陥を補い、帳簿式会計制度での帳簿の役割を果たします。

　従って、試算表・精算表も伝票式会計制度上、不可欠なものとして正確・明瞭に作成・保存しなければなりません。

第1章

第2章

第3章

第4章

第5章

第6章

資　料

<<<<<<< **練習問題** >>>>>>>

問1　次の決算整理事項から、決算整理に必要な仕訳を行いなさい。

(1)　現金残高が帳簿残高より5,000円少なかったが、原因が判明しないので、現金過不足勘定で処理をしていた。これについて、決算処理を行う。

(2)　決算整理前（期首）の商品勘定は、500,000円である。当期は商品を5,000,000円仕入れており、適正に処理している。
　　　期末になって商品の棚卸しを行ったところ、450,000円であることが判明した。供給原価に関わる仕訳を行いなさい。

(3)　当期首に取得した建物10,000,000円について、減価償却を行う。定額法、耐用年数50年（償却率0.020）により償却を行っている（間接法により仕訳を行う）。

(4)　当期首に取得した器具備品500,000円について、減価償却を行う。定率法、耐用年数6年（償却率0.333）により償却を行っている（直接法により仕訳を行う）。円未満が生じた場合には四捨五入すること。

(5)　当期2月1日に、10カ月分の駐車場使用料500,000円を現金で受け取り、雑収入として処理していた。これについて、収益の繰り延べ処理を行う（3月31日決算）。

(6)　当期の退職給付費用の見積額7,000,000円を引当金として積み立てる。

問2　次の決算整理前残高試算表と決算整理事項に基づいて、必要な決算整理仕訳を行い、決算整理後残高試算表を完成させなさい。

決算整理前残高試算表

（単位：円）

借　　　方	勘　定　科　目	貸　　　方
6,280,000	現　　　　　金	
10,000,000	普　通　預　金	
7,000,000	供　給　未　収　金	
2,000,000	商　　　　　品	
7,000,000	建　　　　　物	
	貸　倒　引　当　金	80,000
	買　　掛　　金	5,000,000
	短　期　借　入　金	3,000,000
	長　期　借　入　金	8,700,000
	減　価　償　却　累　計　額	280,000
	出　　資　　金	5,000,000
	供　　給　　高	50,720,000
32,700,000	仕　　入　　高	
5,500,000	職　員　給　与	
2,000,000	通　信　交　通　費	
300,000	地　代　家　賃	
72,780,000	合　　　　　計	72,780,000

〈決算整理事項〉

①	期末商品棚卸高	1,950,000円
②	建物の減価償却費	定額法、耐用年数50年（償却率0.020）、間接法。
③	職員給与の未払分	職員給与のうち、当期の費用となるべき 50,000円を見越し計上する。
④	地代家賃の前払額	地代家賃のうち、翌期の費用となるべきもの 35,000円を繰り延べる。
⑤	賞与引当金を見込む	翌期に支払われる予定の賞与のうち当期分 3,000,000円を引き当て計上する。

〈練習問題〉

⑥	貸倒引当金を見込む	期末債権のうち、翌期に貸し倒れる可能性のある100,000円を見積もり、貸倒引当金として計上する。なお、期首に残高として80,000円あるため、差額繰入法により引き当てる。

決算整理後残高試算表

(単位：円)

借　方	勘　定　科　目	貸　方
（　　　　　　）	現　　　　　金	
（　　　　　　）	普　通　預　金	
（　　　　　　）	供　給　未　収　金	
（　　　　　　）	商　　　　　品	
（　　　　　　）	建　　　　　物	
	貸　倒　引　当　金	（　　　　　　）
	買　　掛　　金	（　　　　　　）
	短　期　借　入　金	（　　　　　　）
	長　期　借　入　金	（　　　　　　）
	減　価　償　却　累　計　額	（　　　　　　）
	出　　資　　金	（　　　　　　）
	未　払　費　用	（　　　　　　）
（　　　　　　）	前　払　費　用	
	賞　与　引　当　金	（　　　　　　）
	供　　給　　高	（　　　　　　）
（　　　　　　）	仕　　入　　高	
（　　　　　　）	職　員　給　与	
（　　　　　　）	通　信　交　通　費	
（　　　　　　）	地　代　家　賃	
（　　　　　　）	賞与引当金繰入額	
（　　　　　　）	貸倒引当金繰入額	
（　　　　　　）	減　価　償　却　費	
（　　　　　　）	合　　　　　計	（　　　　　　）

138

【練習問題　解答】　…………………………………………………………………

問1

(1) （借）雑損失　　　　　　5,000　　　　　（貸）現金過不足　　　　5,000
　【解説】
　① 当初、現金残高が帳簿残高より少なかったときの処理は、次の通りです。
　　（借）現金過不足　　　5,000　　　　　（貸）現金　　　　　　　5,000
　② 最終的に現金過不足の原因が不明であったため、雑損失とします
　　（P.62）。

(2) （借）仕入高　　　　　500,000　　　　（貸）商品　　　　　　500,000
　　（借）商品　　　　　　450,000　　　　（貸）仕入高　　　　　450,000
　【解説】
　　仕入高勘定で供給原価を計算し、商品勘定で期末商品の有高を記帳します
　（P.109）。

仕入高

| 期首 | 500,000 | 差額 | 5,050,000 | ➡供給原価 |
| 当期 | 5,000,000 | 残高 | 450,000 | |

商　品

| 期首 | 500,000 | 決算整理 | 500,000 | |
| 決算整理 | 450,000 | 残高 | 450,000 | ➡期末商品の有高 |

(3) （借）減価償却費　　200,000　　　　（貸）減価償却累計額　200,000
　【解説】
　　減価償却費＝取得原価10,000,000円×償却率0.020＝200,000円
　（P.114、117）

⑷　(借) 減価償却費　　166,500　　　(貸) 器具備品　　　166,500

【解説】

　減価償却費＝取得原価500,000円×償却率0.333＝166,500円

　直接法なので、器具備品勘定(資産勘定)を貸方に記帳します(P.114、116)。

⑸　(借) 雑収入　　　　400,000　　　(貸) 前受収益(前受金) 400,000

【解説】

　翌期分の収益を減少させ、前受収益として翌期に繰り越します。

　①　2/1に受け取ったとき

　(借) 現金　　　　500,000　　　(貸) 雑収入　　　　500,000

　②　3/31決算日の処理

$$500,000円 × \frac{8カ月}{10カ月} =　400,000円を翌期に繰り延べる（P.120）。$$

⑹　(借) 退職給付費用 7,000,000　　　(貸) 退職給付引当金 7,000,000

　(P.129)

問2

〈決算整理仕訳〉

⑴　(借) 仕入高　　2,000,000　　(貸) 商品　　　　2,000,000

　　(借) 商品　　　1,950,000　　(貸) 仕入高　　　1,950,000

【解説】

　①　期首商品棚卸高を仕入高に振り替えます。

　②　期末商品棚卸高は、仕入高を減少させ商品勘定に振り替えます(P.109)。

⑵　(借) 減価償却費　　140,000　　　(貸) 減価償却累計額　140,000

【解説】
①　取得原価に定額法の償却率を乗じて減価償却費を算定します。
②　間接法は、減価償却累計額勘定を用いて間接的に減少させます。
③　減価償却費＝取得原価7,000,000円×償却率0.020＝140,000円
　（P.114、117）

⑶　（借）職員給与　　　　　50,000　　　（貸）未払費用（未払給与）50,000
【解説】
　職員給与のうち、当期の費用となるべき金額を未払費用として見越し処理
をします（P.122）。

⑷　（借）前払費用（前払家賃）35,000　（貸）地代家賃　　　　　　35,000
【解説】
　当期に支払った地代家賃のうち、翌期の費用となるべきものを前払費用と
して翌期に繰り延べます（P.119）。

⑸　（借）賞与引当金繰入額3,000,000　　（貸）賞与引当金　　3,000,000
【解説】
　翌期に支払われる予定の賞与のうち当期に属する部分について、賞与引当
金として計上します（P.128）。

⑹　（借）貸倒引当金繰入額20,000　　　（貸）貸倒引当金　　　　20,000
【解説】
　期首に貸倒引当金残高が80,000円あります。当期の貸し倒れの見積もり
額は100,000円ですので、決算整理においては100,000円－80,000円＝
20,000円を差額繰入れとして計上します（P.124）。

〈決算整理後試算表に記入〉
　決算整理事項以外の勘定については、決算整理前残高試算表の金額をそのま
ま移記します。決算整理事項については、仕訳を反映した金額を記入します。

決算整理後残高試算表

（単位：円）

借　方	勘　定　科　目	貸　方
6,280,000	現　　　　　　金	
10,000,000	普　通　預　金	
7,000,000	供　給　未　収　金	
1,950,000	商　　　　　　品	
7,000,000	建　　　　　　物	
	貸　倒　引　当　金	100,000
	買　　掛　　金	5,000,000
	短　期　借　入　金	3,000,000
	長　期　借　入　金	8,700,000
	減　価　償　却　累　計　額	420,000
	出　　資　　金	5,000,000
	未　払　費　用	50,000
35,000	前　払　費　用	
	賞　与　引　当　金	3,000,000
	供　　給　　高	50,720,000
32,750,000	仕　　入　　高	
5,550,000	職　員　給　与	
2,000,000	通　信　交　通　費	
265,000	地　代　家　賃	
3,000,000	賞与引当金繰入額	
20,000	貸倒引当金繰入額	
140,000	減　価　償　却　費	
75,990,000	合　　　　　　計	75,990,000

決算整理事項により変動した勘定口座は次の通りです。

商品（資産勘定）

整理前残高　2,000,000	決算整理　2,000,000
決算整理　　1,950,000	

貸倒引当金（負債勘定）

	整理前残高　80,000
	決算整理　　20,000

減価償却累計額（負債勘定）

	整理前残高　280,000
	決算整理　　140,000

未払費用（負債勘定）

	決算整理　50,000

前払費用（資産勘定）

決算整理　35,000	

賞与引当金（負債勘定）

	決算整理　3,000,000

仕入高（費用勘定）

整理前残高　32,700,000	決算整理　1,950,000
決算整理　　2,000,000	

職員給与（費用勘定）

整理前残高　5,500,000	
決算整理　　　50,000	

地代家賃（費用勘定）

整理前残高　300,000	決算整理　35,000

賞与引当金繰入額（費用勘定）

決算整理　3,000,000	

貸倒引当金繰入額（費用勘定）

決算整理　20,000	

減価償却費（費用勘定）

決算整理　140,000	

第5章

決算関係書類等の作成

本章の理解CHECK
＊理解した項目に✔を入れましょう。

1 ☐ 生協の決算関係書類等を知る

2 ☐ 貸借対照表と損益計算書の意義を知る

3 ☐ 貸借対照表の作り方を理解する

4 ☐ 損益計算書の作り方を理解する

5 ☐ 剰余金処分案の意義と作り方を理解する

第5章　決算関係書類等の作成

1　決算関係書類等

決算手続きの最後は、「**決算関係書類等**」の作成です。決算関係書類等は、決算の結果を生協の関係者に報告するために作成するもので、生協法第31条の7に、次の通り定められています。

（1）決算関係書類
　①　貸借対照表
　②　損益計算書
　③　剰余金処分案または損失処理案
（2）事業報告書
（3）（1）および（2）の附属明細書
　（1）、（2）、（3）を合わせて決算関係書類等といいます。

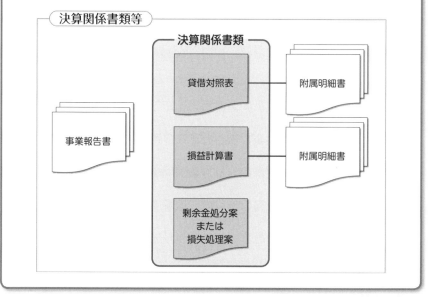

---

2 貸借対照表

（1）貸借対照表とは

　一定時点（期末日＝決算日）の資産・負債・純資産の内容とその残高（財政状態）を示す書類です。実務では、貸借対照表を「バランスシート（Balance Sheet）」または、略して「B／S」といいます。

（2）貸借対照表の作成方法

　貸借対照表は、決算整理後残高試算表または精算表を基に作成します。
　明示する項目など作成上の留意点は、次の通りです。

①　決算日

　一定時点の財政状態を示すものです。

②　金額の単位

　円・千円・万円などのように明示します。

③　すべての資産・負債・純資産の表示

　一定時点の財政状態を明らかにするためです。

④　区分・配列・分類

　資産の部・負債の部および純資産の部に区分します。また資産の部は、流動資産→固定資産→繰延資産の順に、負債の部は流動負債→固定負債の順に区分します。

⑤　総額で明示

　資産の項目と負債または純資産の項目は、その一部または全部を相殺せず、総額で記載しなければなりません。

知識の補強 1 ||||||||||||||||||||||||||||||||||||||||||||||||||||||||||||||||||||||||||||||||||||||||||||||||||||||||||||||||||||||||||||||||||

★勘定式と報告式①

　貸借対照表の様式には、勘定式と報告式の2つがあります。勘定式は、資産と負債・純資産を左右対照的に示す方法です。また報告式は、資産・負債・純資産を上から下に順次記載する方法です。通常は勘定式を用います。

147

勘定式			

貸借対照表

20XX 年 3 月 31 日　　(単位：円)

科　目	金　額	科　目	金　額
資産の部		負債の部	
		純資産の部	
合　　計		合　　計	

報告式	

貸借対照表

20XX 年 3 月 31 日　(単位：円)

科　目	金　額
資産の部	
資産の部合計	
負債の部	
純資産の部	
負債・純資産の部合計	

設例 1

　当期末の供給未収金残高は100,000円であり、1,000円の貸倒引当金を計上した（前期末における貸倒引当金はない）。また、当期取得した建物1,000,000円に対する減価償却費300,000円を計上した。貸借対照表にそれぞれ表示しなさい（固定資産はこれだけとする）。

【解答】

貸借対照表

20XX年 3 月31日　　(単位：円)

科　　目	金　　額		科　　目	金　　額
資産の部			負債の部	
供給未収金		100,000		
貸倒引当金		△1,000	純資産の部	
建物	1,000,000			
建物減価償却累計額	300,000	700,000		
合　　　　計			合　　　　計	

【解説】

① 　貸倒引当金の決算仕訳

> （借）貸倒引当金繰入額　1,000　　（貸）貸倒引当金　1,000

　貸倒引当金は貸方残高1,000円ですが、貸借対照表においては、資産の部に△1,000と記載します。

② 減価償却累計額の決算仕訳

> （借）減価償却費　300,000　　（貸）減価償却累計額　300,000

　減価償却累計額は、貸方残高300,000円です。ただし、貸借対照表においては、建物の下に建物減価償却累計額を記載し、建物と建物減価償却累計額との差額（700,000円）を、建物減価償却累計額（300,000円）の右端に記載します。

3 損益計算書

（1）損益計算書とは

　1事業年度に発生したすべての収益と費用の発生額を記載して、その差額としての当期剰余金を計算し、経営成績を示す書類です。実務では、損益計算書を略して「P／L（Profit and Loss Statement）」といいます。

（2）損益計算書の作成方法

　損益計算書は、決算整理後残高試算表または精算表を基に作成します。
　明示する項目など作成上の留意点は、次の通りです。

① 会計期間

　一定期間（1事業年度）の経営成績を示すものです。

② 金額の単位

　円・千円・万円などのように明示します。

③ 費用と収益の対応表示

収益と費用は、いくつかの区分を設けて、相互に関連のあるものを対応表示します。

④ 総額で表示

収益と費用は、総額で記載します。費用と収益を相殺してはいけません。

知 識 の 補 強 2

★勘定式と報告式②

損益計算書の様式にも、勘定式と報告式があります。勘定式は、貸方に収益項目、借方に費用項目を示す方式です。また報告式は、供給高を初めに記載し、それに順次各項目を加減して、上から下に記載していく方式です。通常は報告式を用います。

報告式

損益計算書

20XX年4月1日〜20X1年3月31日　　（単位：円）

供給高	A	
供給原価	B	
供給剰余金	C	$（＝A－B）$
事業経費	D	
事業剰余金	E	$（＝C－D）$
事業外収益	F	
事業外費用	G	
経常剰余金	H	$（＝E＋F－G）$
特別利益	I	
特別損失	J	
税引前当期剰余金	K	$（＝H＋I－J）$
法人税等	L	
当期剰余金	M	$（＝K－L）$
当期首繰越剰余金	N	
任意積立金取崩額	O	
当期末未処分剰余金	P	$（＝M＋N＋O）$

4 剰余金処分案

（1）剰余金処分案とは

　当期剰余金だけでなく、過去に生じた剰余金の残高を処分する書類です。剰余金処分案は、総代会で承認を受けなければなりません。

① 法定準備金と教育事業等繰越金の積み立て

　生協法第51条の4は、次のように規定しています。

　第1項の準備金を**「法定準備金」**、第4項に定めるものを**「教育事業等繰越金」**といいます。当期剰余金が生じた場合には、以上の2つを必ず積み立てなければなりません。

❙生協法第51条の4

　　組合は、定款に定める額に達するまでは、毎事業年度の剰余金の10分の1（共済事業を行う組合にあっては、5分の1）以上を準備金として積み立てなければならない。

2　前項の定款で定める準備金の額は、出資総額の2分の1（共済事業を行う組合にあっては、出資総額）を下ってはならない。

3　第1項の準備金は、損失のてん補に充てる場合を除いてこれを取り崩してはならない。

4　組合は、毎事業年度の剰余金の20分の1以上を翌事業年度に繰り越さなければならない。

5　前項の規定により繰り越した剰余金は、第10条第1項第5号の事業（教育事業）の費用に充てるものとする。ただし、その剰余金の全部又は一部を、組合員が相互の協力の下に地域において行う子育て支援、家事に係る援助その他の活動であって組合員の生活の改善及び文化の向上に資するものを助成する事業の費用に充てることを妨げない。

---

② 利用割戻しと出資配当

　生協法第52条では、これらを次のように規定しています。

　組合員の事業の利用量に応じて剰余金を割り戻すことを**「利用割戻し」**、
組合員が払い込んだ出資額に応じて剰余金を割り戻すことを**「出資配当」**と
いいます。具体的な規定は定款に定めます。

③　任意積立金
　生協法によらないで、定款の規定などによって積み立てることができる積
立金です。「新築積立金」や「記念事業積立金」などがあります。

（2）剰余金処分案の作成方法

①　法定の積み立て
　当期剰余金が生じた場合、法定準備金と教育事業等繰越金を積み立てます。

②　利用割戻し、出資配当
　法定の積み立てを実施後、組合員の利用割戻しや出資配当を実施します。

③　任意積立金の積み立てや翌期への繰り越し
　①および②を実施した後、まだ剰余金に残高がある場合には、その残高を
任意積立金に積み立て、または翌事業年度に繰り越します。

④　単位の明示
　剰余金処分案は円単位でなければなりません。千円単位や万円単位などは
認められません。

設例 ❷

　当期未処分剰余金871,000円（当期剰余金400,000円）について、剰余金処分案を作成することとした。法定準備金を当期剰余金に対して10％積み立て、利用割戻しを当期剰余金に対して１％行い、出資配当を2,000円行う。さらに、任意積立金として記念事業積立金5,000円を積み立て、残りは翌事業年度に繰り越すこととした。なお、翌期繰越額には、教育事業等繰越金20,000円を含むものとする。これにより剰余金処分案を作成しなさい。

【解答】

剰余金処分案

(単位：円)

項　　目	金　　額
Ⅰ　当期未処分剰余金	871,000
Ⅱ　剰余金処分額	
1　法定準備金	40,000
2　利用分量割戻金	4,000
3　出資配当金	2,000
4　記念事業積立金	5,000
Ⅲ　次期繰越剰余金	820,000

(注)　次期繰越剰余金には、教育事業等繰越金20,000円を含む。

【解説】

①「Ⅰ　当期未処分剰余金」

　損益計算書の末尾にある当期未処分剰余金の金額を記載します。

②「Ⅱ　剰余金処分額」

　「Ⅰ　当期未処分剰余金」をどのように処分するかを表示します。

　生協法で繰り越すことが義務付けられている教育事業等繰越金20,000円を含めて表示します。ただし、（注）として次期繰越剰余金に、教育事業等繰越金が含まれる旨を記載して、積み立てを行ったことを表示します。

知識の補強 3

★剰余金処分案の仕訳の計上時期

　剰余金処分案は、当期においてはあくまで「剰余金を処分する案」にすぎないため、決算日時点ではまだ実行されません。実際に承認を受けるのは、翌事業年度の総代会の日ですので、翌事業年度に仕訳を計上します。

　前頁の設例を参考にすれば、翌事業年度の総代会で剰余金処分案の承認を受けたと同時に、次の仕訳を計上します。

（借）未処分剰余金	51,000	（貸）法定準備金	40,000
		未払利用割戻金	4,000
		未払出資配当金	2,000
		記念事業積立金	5,000

　未処分剰余金勘定は純資産勘定ですので、剰余金処分により減少した場合には借方に記入します。また、法定準備金や記念事業積立金も純資産勘定ですので、増加した場合には貸方に記入します。

　これに対して、未払利用割戻金や未払出資配当金は総代会の終了後、原則として組合員にその金額を割り戻すことになりますので、未払金と同じく負債勘定です。従って、未払利用割戻金または未払出資配当金として貸方に記入し、実際に組合員に割り戻したり配当した場合に借方に記入し、減少させます。

<<<<<<< **練習問題** >>>>>>>

　決算整理前の各勘定残高と決算整理事項は、次の１および２の通りである。２に基づいて決算整理仕訳を行い、「３　精算表」を完成させなさい。

　さらに、「３　精算表」に基づいて「４　貸借対照表」、「５　損益計算書」、「６　事業経費の明細」を完成させなさい。

1　決算整理前の各勘定残高

（単位：円）

科　目	決算整理前残高	注
現　　　金	1,530	
普 通 預 金	3,000	
供 給 未 収 金	3,500	
仮 払 金	150	
商　　　品	5,780	
建　　　物	14,000	
減 価 償 却 累 計 額	2,000	建物に対する減価償却累計額。
器 具 備 品	5,000	
減 価 償 却 累 計 額	1,000	器具備品に対する減価償却累計額。
支 払 手 形	1,500	
買 掛 金	13,620	
長 期 借 入 金	370	
出 資 金	11,500	
供 給 高	59,500	
仕 入 高	49,250	
職 員 給 与	6,200	
福 利 厚 生 費	480	
教 育 文 化 費	200	
水 道 光 熱 費	300	
消 耗 品 費	180	
受 取 利 息	380	
支 払 利 息	300	

〈練習問題〉

2　期末決算整理事項

（1）供給原価の決定

　　期末商品棚卸高は、4,500円である。

（2）減価償却

　　建物に対し300円、器具備品に対し225円の減価償却費を計上する。

（3）引当金

　　①　供給未収金に対し10円の貸倒引当金を計上する。

　　②　退職給付引当金を64円計上する。

（4）費用の見越し

　　水道光熱費20円を見越し計上する（未払費用）。

（5）収益の繰り延べ

　　受取利息のうち翌期分50円を繰り延べ計上する（前受収益）。

（6）仮勘定の精算

　　仮払金残高をすべて消耗品費に振り替える。

　（注）当期の事業年度は、20XX年4月1日から20X1年3月31日とする。

3 精算表

20X1年3月31日

勘定科目	決算整理前残高試算表 借方	決算整理前残高試算表 貸方	決算整理記入 借方	決算整理記入 貸方	決算整理後残高試算表 借方	決算整理後残高試算表 貸方	損益計算書 借方	損益計算書 貸方	貸借対照表 借方	貸借対照表 貸方
現金	1,530				1,530				1,530	
普通預金	3,000				3,000				3,000	
供給未収金	3,500				3,500				3,500	
仮払金	150									
商品	5,780									
建物	14,000				14,000				14,000	
減価償却累計額		2,000								
器具備品	5,000				5,000				5,000	
減価償却累計額		1,000								
支払手形		1,500				1,500				1,500
買掛金		13,620				13,620				13,620
長期借入金		370				370				370
出資金		11,500				11,500				11,500
供給高		59,500				59,500		59,500		
仕入高	49,250									
職員給与	6,200				6,200		6,200			
福利厚生費	480				480		480			
教育文化費	200				200		200			
水道光熱費	300									
消耗品費	180									
受取利息		380								
支払利息	300				300		300			
減価償却費										
貸倒引当金繰入額										
退職給付費用										
退職給付引当金										
未払費用										
前受収益										
当期剰余金										
合計	89,870	89,870								

157

4 貸借対照表

貸借対照表

○○生活協同組合   20X1年 3 月31日　（単位：円）

科　目	金　額	科　目	金　額
（資産の部）		（負債の部）	
流動資産	(　　　　)	流動負債	(　　　　)
現金預金	(　　　)	支払手形	(　　　)
供給未収金	(　　　)	買掛金	(　　　)
商　品	(　　　)	未払費用	(　　　)
貸倒引当金	△ (　　　)	前受収益	(　　　)
固定資産	(　　　)	固定負債	(　　　)
建　物	(　　　)	長期借入金	(　　　)
減価償却累計額	(＿＿＿) (　　　)	退職給付引当金	(　　　)
器具備品	(＿＿＿)	負債合計	(　　　)
減価償却累計額	(＿＿＿) (　　　)	（純資産の部）	
		組合員資本	(　　　)
		出資金	(　　　)
		剰余金	(　　　)
		当期未処分剰余金	(　　　)
		（うち当期剰余金）	(　　　)
		純資産合計	(　　　)
資産合計	27,995	負債・純資産合計	(　　　)

5　損益計算書

損益計算書

○○生活協同組合　　　　　20XX年4月1日～20X1年3月31日　　（単位：円）

科　目	金　額	
供給事業		
供給高		59,500
供給原価		
期首商品棚卸高	（　　　　　　　）	
仕入高	（　　　　　　　）	
合計	（　　　　　　　）	
期末商品棚卸高	（　　　　　　　）	（　　　　　　　）
供給剰余金		（　　　　　　　）
事業経費		
人件費	（　　　　　　　）	
物件費	（　　　　　　　）	（　　　　　　　）
事業剰余金		（　　　　　　　）
事業外収益		
受取利息	（　　　　　　　）	（　　　　　　　）
事業外費用		
支払利息	（　　　　　　　）	（　　　　　　　）
経常剰余金		（　　　　　　　）
特別利益		
		0
特別損失		
		0
税引前当期剰余金		（　　　　　　　）
法人税等		XXX
当期剰余金		XXX
当期首繰越剰余金		XXX
○○積立金取崩額		XXX
当期未処分剰余金		XXX

6 事業経費の明細

事業経費の明細

20XX年4月1日〜20X1年3月31日　　（単位：円）

1　人件費	
職員給与	（　　　　　　　　　　　　　　）
福利厚生費	（　　　　　　　　　　　　　　）
退職給付費用	（　　　　　　　　　　　　　　）
人件費合計	（　　　　　　　　　　　　　　）
2　物件費	
教育文化費	（　　　　　　　　　　　　　　）
水道光熱費	（　　　　　　　　　　　　　　）
消耗品費	（　　　　　　　　　　　　　　）
減価償却費	（　　　　　　　　　　　　　　）
貸倒引当金繰入額	（　　　　　　　　　　　　　　）
物件費合計	（　　　　　　　　　　　　　　）
事業経費合計	（　　　　　　　　　　　　　　）

（注）事業経費の明細は、損益計算書の事業経費の人件費および物件費の内訳を表示している。なお、
　　　事業経費の明細は、決算関係書類等の附属明細書の一部として作成する。

【解答】

3 精算表

勘定科目	決算整理前残高試算表 借方	貸方	決算整理記入 借方	貸方	決算整理後残高試算表 借方	貸方	損益計算書 借方	貸方	貸借対照表（20X1年3月31日）借方	貸方
現金	1,530				1,530				1,530	
普通預金	3,000				3,000				3,000	
供給未収金	3,500			③10	3,500	10			3,500	10
仮払金	150			⑦150						
商品	5,780		①4,500	①5,780	4,500				4,500	
建物	14,000				14,000				14,000	
減価償却累計額		2,000		②300		2,300				2,300
器具備品	5,000				5,000				5,000	
減価償却累計額		1,000		②225		1,225				1,225
支払手形		1,500				1,500				1,500
買掛金		13,620				13,620				13,620
長期借入金		370				370				370
出資金		11,500				11,500				11,500
供給高		59,500				59,500		59,500		
仕入高	49,250		①5,780	①4,500	50,530		50,530			
職員給与	6,200				6,200		6,200			
福利厚生費	480				480		480			
教育文化費	200				200		200			
水道光熱費	300		⑤20		320		320			
消耗品費	180				180		180			
受取利息		380	⑥50			330		330		
支払利息	300		⑦150		450		450			
減価償却費			②525		525		525			
貸倒引当金繰入額			③10		10		10			
退職給付引当金				④64		64				64
退職給付費用			④64		64		64			
未払費用				⑤20		20				20
前受収益				⑥50		50				50
当期剰余金							871			871
合計	89,870	89,870	11,099	11,099	90,489	90,489	59,830	59,830	31,530	31,530

〈練習問題〉

【解説】

1．「決算整理記入」欄の記入

次の（1）～（6）は、すべて仕訳形式で記入します。

（1）　① （借）仕入高　　　5,780　　　（貸）商　　品　　　5,780
　　　　① （借）商　品　　　4,500　　　（貸）仕入高　　　　4,500

<small>(注)精算表の金額の前に、「①」と番号を付けたものが該当します。以下、②～⑦まで同様です。</small>

（2）　② （借）減価償却費　　　300　　　（貸）減価償却累計額　　300
　　　　② （借）減価償却費　　　225　　　（貸）減価償却累計額　　225

<small>(注) 減価償却費は、金額をまとめて「525」と記入しています。</small>

（3）　③ （借）貸倒引当金繰入額10　　　（貸）貸倒引当金　　　　10
　　　　④ （借）退職給付費用　　64　　　（貸）退職給付引当金　　64

（4）　⑤ （借）水道光熱費　　　20　　　（貸）未払費用　　　　　20

（5）　⑥ （借）受取利息　　　　50　　　（貸）前受収益　　　　　50

（6）　⑦ （借）消耗品費　　　150　　　（貸）仮払金　　　　　　150

（7）貸借合計の一致の確認をします。

2．「決算整理後残高試算表」欄の記入

「決算整理前残高試算表」欄と「決算整理記入」欄の金額を加算・減算した結果を記入します。仕入高の借方は2段階記入します。

3．「損益計算書」欄の記入

① 収益勘定と費用勘定は、決算整理後残高試算表の貸借に記入した金額をそのまま移記します（仕入高は2段書きします）。

② 貸借差額を当期剰余金の借方に記入します。

4．「貸借対照表」欄の記入

① 資産・負債・純資産の各勘定は、決算整理後残高試算表の貸借に記入した金額をそのまま移記します。

② 貸借差額を当期剰余金の貸方に記入します。

5．当期剰余金の確認

「損益計算書」欄と「貸借対照表」欄の当期剰余金額の一致を確認します。

貸借対照表

○○生活協同組合 20X1年 3 月31日 （単位：円）

科　目	金　額	科　目	金　額
（資産の部）		（負債の部）	
流動資産	（ 12,520 ）	流動負債	（ 15,190 ）
現金預金	（ 4,530 ）	支払手形	（ 1,500 ）
供給未収金	（ 3,500 ）	買掛金	（ 13,620 ）
商　品	（ 4,500 ）	未払費用	（ 20 ）
貸倒引当金	△（ 10 ）	前受収益	（ 50 ）
固定資産	（ 15,475 ）	固定負債	（ 434 ）
建　物	（ 14,000 ）	長期借入金	（ 370 ）
減価償却累計額	（ 2,300 ）（ 11,700 ）	退職給付引当金	（ 64 ）
器具備品	（ 5,000 ）	負債合計	（ 15,624 ）
減価償却累計額	（ 1,225 ）（ 3,775 ）	（純資産の部）	
		組合員資本	（ 12,371 ）
		出資金	（ 11,500 ）
		剰余金	（ 871 ）
		当期未処分剰余金	（ 871 ）
		（うち当期剰余金）	（ （871） ）
		純資産合計	（ 12,371 ）
資産合計	27,995	負債・純資産合計	（ 27,995 ）

【解説】

1　現金と普通預金は、現金預金としてまとめます。

2　貸倒引当金は、△を付けて資産の部（流動資産）に表示します。

3　減価償却累計額はマイナス表示せずに、該当する固定資産から控除した金額と並べて表示します。また、固定資産の帳簿価額も表示します。

4　当期未処分剰余金の下に（ ）書きで「（うち当期剰余金）」と表示し、当期未処分剰余金のうち当期剰余金がいくらあるのかを示します。

5　区分（流動資産、固定資産、資産合計、流動負債、固定負債、負債合計、組合員資本、純資産合計、負債・純資産合計）ごとの合計額を表示します。

損益計算書

○○生活協同組合　　　　　20XX年4月1日～20X1年3月31日　　（単位：円）

科　目	金　額	
供給事業		
供給高		59,500
供給原価		
期首商品棚卸高	（　　　5,780　）	
仕入高	（　　　49,250　）	
合計	（　　　55,030　）	
期末商品棚卸高	（　　　4,500　）	（　　　50,530　）
供給剰余金		（　　　8,970　）
事業経費		
人件費	（　　　6,744　）	
物件費	（　　　1,385　）	（　　　8,129　）
事業剰余金		（　　　841　）
事業外収益		
受取利息	（　　　330　）	（　　　330　）
事業外費用		
支払利息	（　　　300　）	（　　　300　）
経常剰余金		（　　　871　）
特別利益		
		0
特別損失		
		0
税引前当期剰余金		（　　　871　）
法人税等		XXX
当期剰余金		XXX
当期首繰越剰余金		XXX
○○積立金取崩額		XXX
当期未処分剰余金		XXX

【解説】

1　供給原価の算定過程を表示するために、「期首商品棚卸高」、「仕入高」、「期末商品棚卸高」を表示します。

2　供給高－供給原価＝供給剰余金

3　事業経費は「事業経費の明細」の人件費および物件費それぞれの合計金額を移記します。

4　供給剰余金－事業経費＝事業剰余金

5　事業剰余金＋事業外収益－事業外費用＝経常剰余金

6　経常剰余金＋特別利益－特別損失＝税引前当期剰余金

7　当期末処分剰余金は次の算式で求めます。

　①　税引前当期剰余金－法人税等＝当期剰余金

　②　当期剰余金＋当期首繰越剰余金＋○○積立金取崩額＝当期末処分剰余金

事業経費の明細

20XX年4月1日～20X1年3月31日　　（単位：円）

1　人件費	
職員給与	（　6,200　）
福利厚生費	（　480　）
退職給付費用	（　64　）
人件費合計	（　6,744　）
2　物件費	
教育文化費	（　200　）
水道光熱費	（　320　）
消耗品費	（　330　）
減価償却費	（　525　）
貸倒引当金繰入額	（　10　）
物件費合計	（　1,385　）
事業経費合計	（　8,129　）

(注) 事業経費の明細は、損益計算書の事業経費の人件費および物件費の内訳を表示している。なお、事業経費の明細は、決算関係書類等の附属明細書の一部として作成する。

第6章

消費税の経理

本章の理解CHECK
＊理解した項目に✔を入れましょう。

1 □ 消費税の基本的な仕組みを知る

2 □ 課税対象取引と課税対象外取引を理解する

3 □ 非課税取引と免税取引の違いを知る

4 □ 消費税の経理方式を理解する

5 □ 消費税の決算での精算の仕方を理解する

1 消費税の仕組みと納税

　消費税は、生協が事業として行っている商品の供給やサービスの提供など
を課税の対象として、取引の各段階に10％（消費税7.8％と地方消費税2.2％）
の税率で課税されます。ただし、飲食料品の譲渡については8％（消費税
6.24％と地方消費税1.76％）の軽減税率で課税されます。

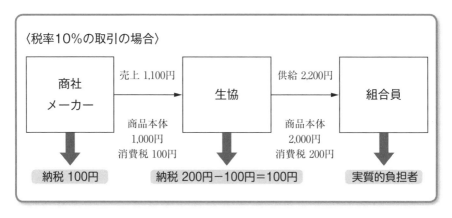

　上図のように、消費税は商品の価格に上乗せされ、最終的には商品を購入
した組合員が負担します。また、消費税は生産・流通の各段階で二重・三重
に課税されないように、仕入れにかかる消費税額を控除して商社やメーカー、
生協などの事業者が納付します。

　図では、生協は、組合員に供給した商品代金2,000円にかかる税金200円か
ら、その商品の仕入れ1,000円にかかる税金100円を差し引いて100円を納付
します。

　このように、事業年度内に発生したすべての課税売上げにかかる消費税の
金額から、その事業年度内に発生したすべての課税仕入れにかかる消費税の
金額を差し引いて、納付する消費税額を計算します。

知識の補強 1 ||||||||||||||||||||||||||||||||||||||||||||||||||||||||||||||||||||||||||||||||||||||||||||||||||||||||

　消費税法では、商品の供給、資産の貸し付け、サービスの提供などの収益を**「売上げ」**といい、商品の仕入れ、資産の購入、費用の支出などを**「仕入れ」**といいます。そのうち、消費税の課税の対象となる売上げおよび仕入れをそれぞれ**「課税売上げ」**、**「課税仕入れ」**といい、また、値引き、返品、割戻しなどを**「対価の返還」**といいます。

||||||||||||||||||||||||||||||||||||||||||||||||||||||||||||||||||||||||||||||||||||||||||||||||||||||||||||||||||||||||||||||||||||||||||||||||||||

2　取引の区分と課税の関係

　消費税法では、取引を次図のように区分しています。

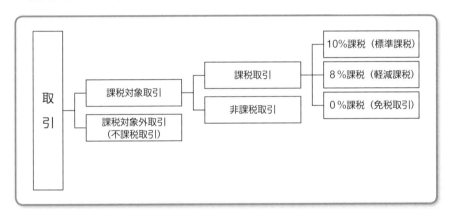

　取引は、消費税の課税対象になる取引（**「課税対象取引」**）と課税対象にならない取引（**「課税対象外取引」**）とに区分されます。さらに、課税対象取引は**「課税取引」**と**「非課税取引」**に区分されます。これらの取引区分を理解した上で、日常の経理処理を行う必要があります。

（1）課税取引
　消費税の課税対象の要件である次の①～④のすべてに該当する取引のう

ち、非課税取引以外のものが課税取引となります。そして、この課税取引に
消費税がかかります。

① 国内で行うものであること
② 事業者が事業として行うものであること
③ 対価を得て行われるものであること
④ 資産の譲渡、資産の貸し付けおよびサービスの提供であること
   (注) 事業者とは、個人事業者と法人（生協は法人）です。

　通常、生協が組合員に商品を供給する事業は、①〜④のすべてに該当して
いますから生協の事業のほとんどは、課税対象取引で占められています。
　なお、2019年10月１日から消費税の税率が標準税率10％と軽減税率8％の
複数になりましたので、課税取引がどちらの税率に該当するかの判断が必要
になります（免税取引については、次頁の（3）を参照)。

（2）非課税取引
　課税対象取引のうち消費税の性格からみて、課税の対象としてなじまない
ものや、社会政策的な配慮で消費税を課さないことにしている取引のことで
す。生協に関係する非課税取引には、次のようなものがあります。

① 土地の譲渡、貸し付け
② 社債・株式などの譲渡、支払手段の譲渡
③ 利子、保証料、保険料、共済掛金、割賦販売などの金利相当額
④ 切手、印紙などの譲渡
⑤ 商品券、プリペイドカードなどの譲渡
⑥ 登記料、登録料、特許料などの行政手数料
⑦ 医療、助産
⑧ 一定の社会福祉事業
⑨ 一定の身体障害者用物品
⑩ 一定の介護保険事業
⑪ 住宅の貸し付け

非課税取引に該当した場合には、その売上げに消費税を課することはできません。また、その仕入れにかかる消費税額を控除することもできません。

（3）免税取引

課税取引のうち消費税が免除される（「ゼロ税率」）取引のことです。輸出取引などのように、その物品が国外で消費されるような取引が対象になります。

（4）課税対象外取引（不課税取引）

消費税法上の課税の対象とならない、前頁の（1）に記載している①～④の消費税の課税対象の要件の一部や全部を欠いた取引のことです。例えば、サンプル用の商品を無償で組合員に供給した場合は代金（対価）を受け取らないので、課税対象外取引になります。その他に、職員給与や受取配当金なども課税対象外取引になります。

3 消費税の経理処理

消費税の経理処理には、「税抜経理方式」と「税込経理方式」があります。

（1）税抜経理方式

消費税の額を収益や費用の額に含めないで、区分して経理する方式です。この場合、消費税の額は仮勘定として計上し、税抜き処理を行います。

① 課税売上げにかかる消費税等の額……「**仮受消費税等勘定**」（「**預り消費税等勘定**」）
② 課税仕入れにかかる消費税等の額……「**仮払消費税等勘定**」
　（注）消費税等の額とは、消費税と地方消費税を合計した額です。また、仮受消費税等（預り消費税等）は負債勘定、仮払消費税等は資産勘定になります。

仮勘定の精算は、消費税等の確定納付額を計算するときに、仮受消費税等（預り消費税等）の額と仮払消費税等の額を相殺することにより行います。

（2）税込経理方式

　消費税の額を収益および費用の額に含めて経理する方式です。納付する消費税額は、事業経費（「租税公課勘定」）で処理します。

　この方式は簡便ですが、消費税額が収益および費用に含まれてしまい、損益計算に影響を与えることになるため好ましくありません。

設例

　以下の取引について仕訳を行いなさい。すべて消費税の課税対象となる取引で、金額は税込みである。また、消費税の税率は10％として、税抜経理方式により処理を行うこと。

①　組合員への商品の掛供給220,000円を行った。

②　①の商品の掛供給について、返品2,200円があった。

③　商品110,000円を掛けで仕入れた。

④　③の商品のうち、商品1,100円を仕入先に返品した。

⑤　事務用机55,000円を現金で購入した。

⑥　上記①～⑤の取引をそれぞれ仮払消費税等と仮受消費税等に集計し、差額を未払消費税等勘定へ振り替える。

【解説・解答】

　消費税額および本体価格は次のように算出します。

・消費税額 = 税込価格 $\times \dfrac{10}{110}$

・本体価格 = 税込価格 $\times \dfrac{100}{110}$

① （借）供給未収金　220,000　（貸）供給高　　　　200,000
　　　　　　　　　　　　　　　　　　仮受消費税等　　20,000

　　※仮受消費税等 = 220,000円 $\times \dfrac{10}{110}$ = 20,000円

② （借）供給高　　　　2,000　（貸）供給未収金　　2,200
　　　　　仮受消費税等　　200

③ （借）仕入高　　　100,000　（貸）買掛金　　　110,000
　　　　　仮払消費税等　10,000

　　※仮払消費税等 = 110,000円 $\times \dfrac{10}{110}$ = 10,000円

④ （借）買掛金　　　　1,100　（貸）仕入高　　　　1,000
　　　　　　　　　　　　　　　　　　仮払消費税等　　　100

⑤ （借）消耗品費　　　50,000　（貸）現金　　　　55,000
　　　　　仮払消費税等　5,000

⑥ （借）仮受消費税等　19,800　（貸）仮払消費税等　14,900
　　　　　　　　　　　　　　　　　　未払消費税等　　4,900

※　未払消費税等へ振り替える前の仮払消費税等、仮受消費税等の残高

仮払消費税等		仮受消費税等	
③ 10,000	④ 100	② 200	① 20,000
⑤ 5,000	残高14,900	残高19,800	

※　仮受消費税等と仮払消費税等の残高をゼロとし、その差額を未払消費
　　税等に振り替えた。

仮払消費税等

③	10,000	④	100
⑤	5,000	⑥	14,900

仮受消費税等

②	200	①	20,000
⑥	19,800		

未払消費税等

		⑥	4,900

資 料

決算関係書類の
様式例等

目　次

貸借対照表

(○○年○○月○○日現在)　　　　　　　　　　(単位：○○円)

科　目	金　額	科　目	金　額
（資産の部）		（負債の部）	
流動資産	×××	流動負債	×××
現金預金	×××	支払手形	×××
受取手形	×××	買掛金	×××
供給未収金	×××	短期借入金	×××
有価証券	×××	短期組合員借入金	×××
商　品	×××	短期リース債務	×××
貯蔵品	×××	未払金	×××
その他	×××	未払法人税等	×××
貸倒引当金	△×××	未払消費税等	×××
固定資産	×××	未払割戻金	×××
有形固定資産	×××	未払費用	×××
建物	×××	前受金	×××
減価償却累計額	×××　×××	預り金	×××
構築物	×××	資産除去債務	×××
減価償却累計額	×××	賞与引当金	×××
機械装置	×××	ポイント引当金	×××
減価償却累計額	×××	設備支払手形	×××
車両運搬具	×××	その他	×××
減価償却累計額	×××		
器具備品	×××	固定負債	×××
減価償却累計額	×××	長期借入金	×××
リース資産	×××	長期組合員借入金	×××
減価償却累計額	×××　×××	長期リース債務	×××
無形固定資産	×××	資産除去債務	×××
のれん	×××	退職給付引当金	×××
借地権	×××	役員退職慰労引当金	×××
ソフトウェア	×××	繰延税金負債	×××
リース資産	×××	その他	×××
その他	×××	負債合計	×××
その他固定資産	×××	（純資産の部）	
関係団体等出資金	×××	組合員資本	×××
関係団体出資金	×××	出資金	×××
子会社等株式	×××	未払込出資金	×××
長期保有価証券	×××	剰余金	×××
長期貸付金	×××	法定準備金	×××
長期前払費用	×××	福祉事業積立金	×××
差入保証金	×××	任意積立金	×××
長期預金	×××	当期未処分剰余金	×××
繰延税金資産	×××	（うち当期剰余金）	（×××）
その他	×××	評価・換算差額等	×××
貸倒引当金	△×××	その他有価証券評価差額金	×××
		繰延ヘッジ損益	×××
繰延資産	×××		
創業費等	×××	純資産合計	×××
資産合計	×××	負債・純資産合計	×××

（記載上の注意）
ⅰ　年は西暦または元号を記載する。
ⅱ　金額の単位は、1円単位または千円単位とする。ただし資産総額が500億円以上の生協は、百万円単位で表示することができる（規則67①）。
ⅲ　組合員資本は、消費生活協同組合連合会の場合には会員資本として表示する（規則84①－イ）。

損益計算書

(自 ○○年○○月○○日 至 ○○年○○月○○日)

(単位：○○円)

科　　目	金　　額	
供給事業		
供給高		×××
供給原価		
期首商品棚卸高	×××	
仕入高	<u>×××</u>	
合計	×××	
期末商品棚卸高	<u>×××</u>	<u>×××</u>
供給剰余金		×××
利用事業		
利用事業収入		×××
利用事業原価		×××
利用剰余金		×××
福祉事業		
福祉事業収入		×××
福祉事業費用		<u>×××</u>
福祉剰余金		×××
その他事業収入		
教育文化事業収入	×××	
配達手数料収入	×××	
共済受託収入	×××	
不動産賃貸収入	×××	
その他受取手数料	<u>×××</u>	
その他事業収入計		<u>×××</u>
事業総剰余金		×××
事業経費		
人件費	×××	
物件費	<u>×××</u>	<u>×××</u>
事業剰余金		×××
事業外収益		
受取利息	×××	
受取配当金	×××	

雑収入	×××	×××
事業外費用		
支払利息	×××	
雑損失	×××	×××
経常剰余金		×××
特別利益		
固定資産売却益	×××	
補助金収入	×××	
その他の特別利益	×××	×××
特別損失		
固定資産売却損	×××	
減損損失	×××	
その他の特別損失	×××	×××
税引前当期剰余金		×××
法人税等	×××	
法人税等調整額	×××	×××
当期剰余金		×××
当期首繰越剰余金		×××
会計上の変更による影響額		×××
（または過去の誤謬の訂正による影響額）		（×××）
福祉事業積立金取崩額		×××
任意積立金取崩額		×××
当期未処分剰余金		×××

(記載上の注意)
ⅰ　西暦または元号を記載する。
ⅱ　円単位または千円単位とする。ただし資産総額が500億円以上の生協は、百万円単位で表示することができる（規則67①）。
ⅲ　「減損損失」は、減損会計を導入した場合に発生する損失額を表示する。
ⅳ　福祉事業積立金は、その事業等にあてる場合を除いては取り崩してはならない（法51の2②）。
ⅴ　任意積立金として取り崩しができるのは、目的積立金だけである。目的外の取り崩しや別途積立金の取り崩しは総（代）会の議決をえなければならない。
ⅵ　会計上の変更および誤謬の訂正に関する会計基準を適用している場合には、原則として、前期損益修正益または前期損益修正損を計上することはできない。
ⅶ　会計上の変更による影響額または過去の誤謬の訂正による影響額がない場合には、これらを記載する必要はない。

第1章
第2章
第3章
第4章
第5章
第6章
資料

剰余金処分案

（単位：○○円）

項　　目	金　　額	
Ⅰ　当期未処分剰余金		×××
Ⅱ　任意積立金取崩額		
1　○○積立金取崩額	×××	
2　○○積立金取崩額	×××	×××
Ⅲ　剰余金処分額		
1　法定準備金	×××	
2　福祉事業積立金	×××	
3　利用分量割戻金	×××	
4　出資配当金	×××	
5　任意積立金		
(1) ○○積立金	×××	
(2) ○○積立金	×××	×××
Ⅳ　次期繰越剰余金		×××

（記載上の注意）
i　単位は円単位で表示する（規則67②）。
ii　任意積立金の中で、目的積立金の目的外の取り崩しや別途積立金を取り崩すときは、総(代)会による議決が必要であるため、剰余金処分案で提案する。
iii　剰余金処分案は、損益計算書の当期未処分損益と総(代)会で行う任意積立金の 取り崩しの合計額がゼロを超え、かつ、剰余金の処分がある場合に作成する。
iv　剰余金処分案には注記が必要である（規則116）。

損失処理案

（単位：○○円）

項　　目	金　　額	
Ⅰ　当期未処理損失金		×××
Ⅱ　損失金処理額		
1　任意積立金取崩額		
（1）○○積立金取崩額	×××	
（2）○○積立金取崩額	×××	
2　法定準備金取崩額	×××	×××
Ⅲ　次期繰越損失金		×××

（記載上の注意）
ⅰ　単位は円単位で表示する（規則67②）。
ⅱ　損益計算書の当期未処分損益と総（代）会で行う任意積立金の取崩しの合計額がゼロを超え、かつ、剰余金の処分がある場合には剰余金処分案を作成し、それ以外の場合は損失処理案を作成する。

注　記

注記しなければならない項目は次のように定められている（規則109）。

項　　目	生協法施行規則	内　　容
重要な会計方針に係る事項に関する注記	112	（1）資産の評価基準および評価方法 （2）固定資産の減価償却の方法 （3）引当金の計上基準 （4）収益および費用の計上基準 （5）その他決算関係書類の作成のための基本となる重要な事項
会計方針の変更に関する注記	113の2	一般に公正妥当と認められる会計方針を、他の一般に公正妥当と認められる会計方針に変更した場合（重要性の乏しいものを除く。） （1）会計方針の変更の内容 （2）会計方針の変更の理由 （3）遡及適用をした場合に当該事業年度の期首における純資産額に対する影響額 （4）当該事業年度より前の事業年度の全部または一部について遡及適用をしなかった場合には、次の事項を注記する。ただし、会計方針の変更を会計上の見積りの変更と区別することが困難なときは、ロの事項を除く。 　イ　決算関係書類または連結決算関係書類の主な項目に対する影響額 　ロ　当該事業年度より前の事業年度の全部または一部について遡及適用をしなかった理由ならびに会計方針の変更の適用方法および適用開始時期 　ハ　会計方針の変更が当該事業年度の翌事業年度以降の財産または損益に影響を及ぼす可能性がある場合であって、その影響に関する事項を注記することが適切であるときは、その事項
表示方法の変更に関する注記	113の3	一般に公正妥当と認められる表示方法を、他の一般に公正妥当と認められる表示方法に変更した場合（重要性の乏しいものを除く。） （1）表示方法の変更の内容 （2）表示方法の変更の理由
会計上の見積りの変更に関する注記	113の4	会計上の見積りの変更をした場合における次の事項（重要性の乏しいものを除く。） （1）会計上の見積りの変更の内容 （2）決算関係書類または連結決算関係書類の項目に対する影響額

項　　　目	生協法施行規則	内　　　容
		（3）会計上の見積りの変更が当該事業年度の翌事業年度以降の財産または損益に影響を及ぼす可能性があるときは、その影響額に関する事項
誤謬の訂正に関する注記	113の5	誤謬の訂正をした場合における次の事項（重要性の乏しいものを除く。） （1）誤謬の内容 （2）当該事業年度の期首における純資産額に対する影響額
追加情報に関する注記	121	個々に定めている注記事項の他に、財政および経営の状況に関して適正な判断を行う上で必要と認められる事項がある場合に記載する。
貸借対照表に関する注記	114	（1）資産が担保に供されている場合における事項 　①　資産が担保に供されていること 　②　担保に供されている資産の内容及びその金額 　③　担保に係る債務の金額 （2）資産に係る引当金を直接控除した場合における各資産の資産項目別の引当金の金額（一括して注記することが適当な場合にあっては、各資産について流動資産、有形固定資産、無形固定資産、その他固定資産又は繰延資産ごとに一括した引当金の金額） （3）資産に係る減価償却累計額を直接控除した場合における各資産の資産項目別の減価償却累計額（一括して注記することが適当な場合にあっては、各資産について一括した減価償却累計額） （4）資産に係る減損損失累計額を減価償却累計額に合算して減価償却累計額の項目をもって表示した場合にあっては、減価償却累計額に減損損失累計額が含まれている旨 （5）保証債務、手形遡求債務、重要な係争事件にかかる損害賠償義務その他これらに準ずる債務（負債の部に計上したものを除く。）があるときは、当該債務の内容及び金額 （6）子法人等及び関連法人等に対する金銭債権又は金銭債務をその金銭債権又は金銭債務が属する項目ごとに、他の金銭債権又は金銭債務と区分して表示していないときは、当該子法人等及び関連法人等に対する金銭債権もしくは金銭債務が属する項目ごとの金額又は資産の部もしくは負債の部の区分に応じ、2以上の項目ごとに一括した金額

第1章

第2章

第3章

第4章

第5章

第6章

資料

項　　目	生協法施行規則	内　　容
		（7）役員との間の取引による役員に対する金銭債権があるときは、その総額 （8）役員との間の取引による役員に対する金銭債務があるときは、その総額
損益計算書に関する注記	115	子法人等及び関連法人等との事業取引による取引高の総額及び事業取引以外の取引による取引高の総額
剰余金処分案に関する注記	116	（1）利用分量割戻しを行う場合の算定基準 （2）出資配当を行う場合の算定基準 （3）次期繰越剰余金に含まれている教育事業等繰越金の額
退職給付会計に関する注記	121	職員の退職時に支給すべき退職一時金及び適格退職年金など、生協が職員の退職に備えて債務として認識するために計上する会計処理に関する注記
税効果会計に関する注記	117	（1）繰延税金資産（その算定に当たり繰延税金資産から控除された金額がある場合における当該金額を含む。） （2）繰延税金負債
リースにより使用する固定資産に関する注記	118	ファイナンス・リース取引について通常の売買取引に係る方法に準じて会計処理を行っていない場合におけるリース物件に関する事項（次に掲げる事項を含めることができる。）を記載する。 ①　当該事業年度の末日における取得原価相当額 ②　当該事業年度の末日における減価償却累計額相当額 ③　当該事業年度の末日における未経過リース料相当額 ④　その他当該リース物件に係る重要な事項 ※　生協法施行規則118条には規定されていないが、オペレーティング・リース取引のうち解約不能なものに係る未経過リース料についても同様に記載する。
金融商品に関する注記	118の2	金融商品について時価等の情報を記載する（重要性の乏しいものを除く。）。 ①　金融商品の状況に関する事項 ②　金融商品の時価等に関する事項
資産除去債務に関する注記	121	資産除去債務の会計処理に関連して、重要性が乏しい場合を除き、次の事項を注記する。 （1）資産除去債務の内容についての簡潔な説明

項　　目	生協法施行規則	内　　容
		（2）支出発生までの見込期間、適用した割引率等の前提条件 （3）資産除去債務の総額の期中における増減内容 （4）資産除去債務の見積りを変更したときは、その変更の概要および影響額 （5）資産除去債務は発生しているが、その債務を合理的に見積ることができないため、貸借対照表に資産除去債務を計上していない場合には、当該資産除去債務の概要、合理的に見積ることができない旨およびその理由 ※（5）は、資産除去債務の計上をしない場合の注記となる。
賃貸等不動産に関する注記	121	賃貸等不動産を保有している場合は、次の事項を注記する。ただし、賃貸等不動産の総額に重要性が乏しい場合には、注記を省略することができる。 （1）賃貸等不動産の概要 （2）賃貸等不動産の貸借対照表計上額および期中の主な変動 （3）賃貸等不動産の期末時価と算定方法 （4）賃貸等不動産に関する損益
関連当事者との取引に関する注記	119	（1）当該関連当事者が会社等であるとき ①　名称 ②　当該関連当事者の総株主の議決権の総数に占める当該組合が有する議決権の数の割合 （2）当該関連当事者が組合であるとき ①　名称 ②　当該関連当事者の総会員の議決権の総数に占める当該組合が有する議決権の数の割合 （3）当該関連当事者が個人であるときは、その氏名 （4）当該組合と当該関連当事者との関係 （5）取引の内容 （6）取引の種類別の取引金額 （7）取引条件および取引条件の決定方針 （8）取引により発生した債権または債務に係る主な項目別の当該事業年度の末日における残高 （9）取引条件の変更があったときは、その旨、変更の内容および当該変更が決算関係書類に与えている影響の内容
重要な後発事象に関する注記	120	当該組合の事業年度の末日後、当該組合の翌事業年度以降の財産または損益に重要な影響を及ぼす

第1章　第2章　第3章　第4章　第5章　第6章　資料

項　　目	生協法施行規則	内　　容
		事象が発生した場合の当該事象
その他の注記	121	貸借対照表、損益計算書および剰余金処分案により組合の財産または損益の状態を正確に判断するために必要な事項

※「継続組合の前提に関する注記」（規則111）については、会計監査人監査組合以外の組合については記載が不要のため、表示していない（規則109②一）。
※「退職給付会計に関する注記」、「賃貸等不動産に関する注記」、「資産除去債務に関する注記」は、独立注記項目とした。

事業経費の明細

(単位：○○円)

1 人 件 費	
役 員 報 酬	×××
職 員 給 与	×××
定 時 職 員 給 与	×××
退 職 給 付 費 用	×××
福 利 厚 生 費	×××
役 員 退 職 慰 労 引 当 金 繰 入 額	×××
賞 与 引 当 金 繰 入 額	×××
派 遣 人 件 費	<u>×××</u>
人 件 費 合 計	×××
2 物 件 費	
教 育 文 化 費	×××
広 報 費	×××
消 耗 品 費	×××
車 両 運 搬 費	×××
貸 倒 引 当 金 繰 入 額	×××
ポ イ ン ト 引 当 金 繰 入 額	×××
修 繕 費	×××
施 設 管 理 費	×××
減 価 償 却 費	×××
地 代 家 賃	×××
リ ー ス 料	×××
水 道 光 熱 費	×××
保 険 料	×××
委 託 料	×××
研 修 採 用 費	×××
調 査 研 究 費	×××
会 議 費	×××
諸 会 費	×××
渉 外 費	×××
租 税 公 課	×××
通 信 交 通 費	×××
雑 費	<u>×××</u>
物 件 費 合 計	×××
事 業 経 費 合 計	×××

(記載上の注意)
i 　損益計算書の人件費、物件費の金額と一致させること。
ii 　派遣労働契約に基いて支払う派遣委託料は、派遣人件費として記載する。

キャッシュ・フロー計算書

①直接法

Ⅰ　事業活動によるキャッシュ・フロー	
事業収入	×××
事業原価の支出	△×××
人件費支出	△×××
その他の事業支出	△×××
小　　　計	×××
利息及び配当金の受取額	×××
利息の支払額	△×××
…	×××
法人税等の支払額	△×××
事業活動によるキャッシュ・フロー	×××
Ⅱ　投資活動によるキャッシュ・フロー	
有価証券の取得による支出	△×××
有価証券の売却による収入	×××
有形固定資産の取得による支出	△×××
有形固定資産の売却による収入	×××
関係団体等出資金の出資による支出	△×××
関係団体等出資金の減資・脱退による収入	×××
長期保有有価証券の取得による支出	△×××
長期保有有価証券の売却による収入	×××
貸付による支出	△×××
貸付金の回収による収入	×××
…	×××
投資活動によるキャッシュ・フロー	×××
Ⅲ　財務活動によるキャッシュ・フロー	
短期借入金の増加額	×××
リース債務の返済による支出	△×××
長期借入れによる収入	×××
長期借入金の返済による支出	△×××
組合員借入金による収入	×××
組合員借入金の償還による支出	△×××
出資預り金の増加額	×××
出資金の増資による収入	×××
出資金の減資による支出	△×××
配当金の支払額	△×××
…	×××
財務活動によるキャッシュ・フロー	×××
Ⅳ　現金及び現金同等物の増加額	×××
Ⅴ　現金及び現金同等物の期首残高	×××
Ⅵ　現金及び現金同等物の期末残高	×××

②間接法

(単位：○○円)

Ⅰ	事業活動によるキャッシュ・フロー	
	税引前当期剰余金	×××
	減価償却費	×××
	貸倒引当金の増加額	×××
	賞与引当金の増加額	×××
	退職給付引当金の増加額	×××
	役員退職慰労引当金の増加額	×××
	受取利息及び受取配当金	△×××
	支払利息	×××
	有価証券売却益	△×××
	有形固定資産売却益	△×××
	有形固定資産除却損	×××
	供給債権の増加額	△×××
	棚卸資産の減少額	×××
	仕入債務の減少額	△×××
	・・・	×××
	小　　計	×××
	利息及び配当金の受取額	×××
	利息の支払額	△×××
	・・・	×××
	法人税等の支払額	△×××
	事業活動によるキャッシュ・フロー	×××
Ⅱ	投資活動によるキャッシュ・フロー	
	有価証券の取得による支出	△×××
	有価証券の売却による収入	×××
	有形固定資産の取得による支出	△×××
	有形固定資産の売却による収入	×××
	関係団体等出資金の出資による支出	△×××
	関係団体等出資金の減資・脱退による収入	×××
	長期保有有価証券の取得による支出	△×××
	長期保有有価証券の売却による収入	×××
	貸付による支出	△×××
	貸付金の回収による収入	×××
	・・・	×××
	投資活動によるキャッシュ・フロー	×××
Ⅲ	財務活動によるキャッシュ・フロー	
	短期借入金の増加額	×××
	リース債務の返済による支出	△×××
	長期借入れによる収入	×××
	長期借入金の返済による支出	△×××
	組合員借入金による収入	×××
	組合員借入金の償還による支出	△×××
	出資預り金の増加額	×××
	出資金の増資による収入	×××
	出資金の減資による支出	△×××
	配当金の支払額	△×××
	・・・	×××
	財務活動によるキャッシュ・フロー	×××
Ⅳ	現金及び現金同等物の増加額	×××
Ⅴ	現金及び現金同等物の期首残高	×××
Ⅵ	現金及び現金同等物の期末残高	×××

(記載上の注意)
i　表示方法は、直接法又は間接法を選択し、継続して適用する。
ii　現金及び現金同等物の範囲については、これを注記する。

　(注)　現金及び現金同等物の範囲

項　　目	期　　首	期　　末
現金預金	×　×　×	×　×　×
預入期間が３カ月を超える定期預金	△×　×　×	△×　×　×
現金及び現金同等物	×　×　×	×　×　×

iii　現金及び現金同等物の範囲を変更した場合は、その旨を注記する。

勘定科目内訳表

貸借対照表勘定科目内訳表

区　分	大科目	小科目	福祉事業細目	摘　　要
〔資産〕 流動資産	現金預金	現金		通貨（外国通貨を含む）と通貨代用物を処理する。 ①通貨（硬貨、紙幣） ②当座小切手、送金小切手、送金為替手形、預金手形、満期公社債利札、配当金領収証、トラベラーズチェック等
		小口現金		店舗、共同購入センター等における釣銭、小口の支払のために一般現金から区分された現金の出納を処理する。
		当座預金		金融機関との当座勘定取引契約に基づく預金を処理する。
		普通預金		金融機関との普通預金契約に基づく預金を処理する。
		通知預金		金融機関との通知預金契約に基づく預金を処理する。
		定期預金		金融機関との定期預金契約に基づく預金を処理する。1年内に期限の到来するものは流動資産とし、1年を超えて期限が到来するものは固定資産とする。
		定期積金		金融機関との定期積金契約に基づく掛金を処理する。1年内に期限の到来するものは流動資産とし、1年を超えて期限が到来するものは固定資産とする。
	受取手形			通常の事業取引（事業活動において経常的に又は短期的に循環して発生する取引をいう。以下同じ）に基づいて取得した手形債権を処理する。
	供給未収金			組合員に対する商品、製品等の供給代金の未収額を処理する。
	有価証券			売買目的の有価証券及び1年内に満期の到来する有価証券を処理する。子会社等の株式等は固定資産とする。
	商品	商品		組合員に供給する目的で仕入れた物品のうち、まだ供給されないものを処理する。
		製品		生産事業を行う生協が、組合員に供給する目的で生産した物品のうち、まだ供給されないものを処理する。
		原材料		製品の製造のために消費され、製品の実体を構成する物品のうち、まだ消費されないものを処理する。
		仕掛品		製品の製造過程中にある未完成品を処理する。

区　分	大科目	小科目	福祉事業細目	摘　　要
	貯蔵品			供給用、事務用、生産工場用等に供される事務用品、消耗品、包装材料、燃料及び耐用年数1年未満又は取得価額20万円未満の器具備品等のうち、未使用か現場に引渡していないものを処理する。
	その他	前渡金		商品、原材料等の棚卸資産の代金を購入前に仕入先に支払った場合に、その支払額を処理する。
		立替金		連合会、他生協等に対して一時的に生じる金銭の立て替えを処理する。
		前払費用		一定の契約に基づき継続的に役務の提供を受けるために支出した費用のうち、その支出した事業年度末においてまだ提供されていない役務に対応する金額を処理する。たとえば、支払利息や電気,ガス、水道料金の前払いや保険料、賃借費用の未経過分など。
		短期貸付金		役職員その他に対する貸付金のうち、1年内に回収期限の到来するものを処理する。
		未収金		固定資産や有価証券などの売却のような通常の事業取引以外の取引に基づいて発生した債権を処理する。
			福祉未収金	福祉事業にかかる未収金を処理する。
		設備受取手形		通常の事業取引以外の取引に基づいて取得した手形債権を処理する。
		仮払金		支払いをしたが、その相手勘定が不明な場合、又は金額が確定していない場合にとりあえずこの科目で処理する。期末には原則としてゼロにしなければならない。
		仮払消費税等		期中に発生した課税仕入取引の消費税額等を処理する。期末には原則としてゼロにしなければならない。
	貸倒引当金			金銭債権に対する回収取立不能見込額を処理する。
固定資産 1 有形固定資産	建物	建物		生協が所有している建物を処理する。
		建物附属設備		建物に固着したもので、その建物の使用価値を増加させるもの、又はその建物の維持・管理上必要なものを処理する。具体的には、①電気設備、②給排水、衛生、ガス設備、③昇降機設備、④冷房、暖房、通風、ボイラー設備など。
	構築物			生協が所有している土地の上に固着した建物以外の建造物ないし工作物、それらの附属設備を処理する。具体的には、スタンド、庭園、舗装道路、舗装路面などである。

区　分	大科目	小科目	福祉事業細目	摘　　要
2無形固定資産	機械装置			生協が所有している機械装置及びそれに附属する設備を処理する。
	車両運搬具			生協が所有する陸上運搬具を処理する。車両に常時搭載する機器（ラジオ、クーラー等）を含める。
	器具備品			生協が所有する耐用年数１年以上の器具及び備品を処理する。具体的には、家具、電気機器、事務機器、通信機器などである。
	リース資産			ファイナンス・リース取引にかかるリース資産を処理する。
	土地			生協が事業のために使用する目的で所有している土地を処理する。
	建設仮勘定			建設又は制作、組立途中にある建物、構築物、機械装置、などを処理する。
	減価償却累計額			有形減価償却資産の減価償却額の累計額を処理する。
	減損損失累計額			減損会計における有形減価償却資産の減損損失の累計額を処理する。
	のれん			企業の仕入、生産、販売、信用、人的構成、技術等からもたらされる超過収益力をいう。有償取得の場合にのみ計上が認められる。
	借地権			他人の所有する土地を利用するための地上権及び賃借権をいう。土地の賃貸借契約（更新、更改を含む）に際して、借地権の対価として支払った金額、借地土地に対する資本的支出、借地契約にあたり支出した手数料その他の費用などを処理する。借地権は減価償却できない。
	借家権			建物の賃借権をいう。建物を賃借するために支出する権利金、立退料その他の費用を処理する。
	ソフトウエア			コンピュータのソフトウエアの開発費用を処理する。
	リース資産			ファイナンス・リース取引にかかるリース資産を処理する。
	その他	電信電話専用施設利用権		NTTグループ又はKDDIなどに対して専用契約に基づき、公衆電話通信設備の設置に要する費用を負担した場合に、その負担額を処理する。
		水道施設利用権		水道事業者に対して水道施設を設けるために要する費用を負担した場合に、その負担額を処理する。
3その他固定資産	関係団体等出資金	関係団体出資金		日生協、県連、事業連合、労金などの関係団体に対する出資金を処理する。
		子会社等株式		子会社等に対する出資金を処理する。子会社等とは次のものをいう。

193

区　分	大科目	小科目	福祉事業細目	摘　　要
				（1）子法人等 ①　当該生協が議決権の過半数を自己の計算において所有している他の法人等（破産手続開始の決定、再生手続開始の決定等を受けた法人等で、有効な支配従属関係が存在しないと認められるものを除く） ②　当該生協が議決権の100分の40以上、100分の50以下を自己の計算において所有している他の法人等で次の要件のいずれかに該当するもの 　i　当該生協が自己の計算において所有している議決権と当該生協と出資、人事、資金、技術、取引等において緊密な関係があることにより当該生協の意思と同一の内容の議決権を行使すると認められる者及び当該生協の意思と同一の内容の議決権を行使することに同意している者が所有している議決権とを合わせて、当該他の法人等の議決権の過半数を占めていること 　ii　当該生協の役員もしくは使用人である者又はこれらであった者であって、当該生協が当該他の法人等の財務及び営業もしくは事業の方針の決定に関して影響を与えることができるものが、当該他の法人等の取締役会その他これに準ずる機関の構成員の過半数を占めていること 　iii　当該他の法人等の重要な財務及び営業又は事業の方針の決定を支配する契約等が存在すること 　iv　当該他の法人等の資金調達額（貸借対照表の負債の部に計上されているものに限る）の総額の過半について当該生協が融資（債務保証及び担保提供を含む）を行っていること（当該生協と出資、人事、資金、技術、取引等において緊密な関係のある者が行う融資の額を合わせて資金調達額の総額の過半となる場合を含む） 　v　その他当該生協が当該他の法人等の意思決定機関を支配していることが推測される事実が存在すること ③　当該生協が自己の計算において所有している議決権と当該生協と出資、人事、資金、技術、取引等において緊密な関係があることにより当該生協の意思と同一の内容の議決権を行使すると認められる者及び当該生協の意思と同一の内容の議決権を行使することに同意している者が所有している議決権とを合わせて、他の法人等の議決権の過半数を占めている場合における当該他の法人等であって、②のii～vの要件のいず

区　分	大科目	小科目	福祉事業細目	摘　　要
				れかに該当するもの （2）関連法人等 ①　当該生協が他の法人等（破産手続開始の決定、再生手続開始の決定等を受けた法人等で、当該生協がその財務及び営業又は事業の方針の決定に対して重要な影響を与えることができないと認められるものを除く）の議決権の100分の20以上を自己の計算において所有している当該他の法人等 ②　当該生協が他の法人等の議決権の100分の15以上、100分の20未満を自己の計算において所有している他の法人等で次の要件のいずれかに該当するもの 　i　当該生協の役員もしくは使用人である者又はこれらであった者であって当該生協がその財務及び営業もしくは事業の方針の決定に関して影響を与えることができるものが、その代表取締役、取締役又はこれらに準ずる役職に就任していること 　ii　当該生協から重要な融資を受けていること 　iii　当該生協から重要な技術の提供を受けていること 　iv　当該生協との間に重要な販売、仕入れその他の営業上又は事業上の取引があること 　v　その他当該生協がその財務及び営業又は事業の方針の決定に対して重要な影響を与えることができることが推測される事実が存在すること ③　当該生協が自己の計算において所有している議決権と当該生協と出資、人事、資金、技術、取引等において緊密な関係があることにより当該生協の意思と同一の内容の議決権を行使すると認められる者及び当該生協の意思と同一の内容の議決権を行使することに同意している者が所有している議決権とを合わせて、他の法人等の議決権の100分の20以上を占めている場合における当該他の法人等であって、②のi～vの要件のいずれかに該当するもの
	長期保証有価証券			流動資産に計上した有価証券以外の有価証券（関係団体等出資金に該当するものを除く）を処理する。
	長期貸付金	長期貸付金		貸付金のうち、回収期限が1年を超えて到来するものを処理する。回収期限が1年内になったときは、流動資産に計上しなければならない。
		役職員長期貸付金		役職員に対する貸付金で回収期限が1年を超えて到来するものを処理する。回収期限が1年内に

第1章

第2章

第3章

第4章

第5章

第6章

資料

195

区　分	大科目	小科目	福祉事業細目	摘　　要
				なったときは、流動資産に計上しなければならない。
	長期前払費用	長期前払費用		前払費用のうち決算日の翌日から1年を超えて費用となるものを処理する。1年内に費用になることになったときは、流動資産に計上しなければならない。
		施設負担金		自己が便益を受ける公共的施設又は共同的施設の設置、改良のために支出した金額を処理する。
		権利金等		資産を賃借し又は使用するために支出する権利金（借地権、借家権になるものを除く）、コンピュータその他の機器の賃借に伴って支出する引取運賃、関税、据付費等を処理する。
	差入保証金	差入保証金		不動産を賃借した場合の敷金、保証金、取引を行う場合などの取引保証金で、長期間、相手方に差し入れておくものを処理する。
		建設協力金		将来返還される建設協力金などの差入預託保証金（敷金を除く）を処理する。
	長期預金			定期預金、定期積金などで、その期限が1年を超えて到来するものを処理する。期限が1年内になったときは、流動資産に記載しなければならない。
	繰延税金資産			税効果会計における将来減算一時差異等に対して計上する資産を計上する。ただし、繰延税金負債がある場合には相殺した金額を記載する。
	その他	長期未収金		未収金のうち、1年を超えて回収されると認められるものを処理する。
		保険積立金		生協が役員や職員を被保険者として養老保険、定期付養老保険を契約し、その保険料を負担した場合において、その負担額のうち税法上の損金にならないものを処理する。
		前払年金費用		年金掛金の支払額が、会計上の退職給付費用を上回る場合に、その差額を処理する。長期貸付金、長期未収金等の長期金銭債権に対する取立不能見込額を処理する。
	貸倒引当金			長期貸付金、長期未収金等の長期金銭債権に対する取立不能見込額を処理する。
繰延資産	創業費等	創業費		生協設立に際して支出された費用及び設立後事業開始までに支出した開業準備のための費用を処理する。これには、発起人に支払った報酬、定款、設立趣意書,出資申込書等の作成費用、設立事務所の賃借料、設立事務に使用する使用人の給与、設立総会の費用等が含まれるが、設立後の支払利子、職員給与、賃借費用、電気、ガス、水道料金

196

区　分	大科目	小科目	福祉事業細目	摘　　要
				等のような経常的な性格の費用を含まない。創業費は、支出年度に費用処理することが望ましい。
		開発費		新技術又は新経営組織の採用、市場の開拓等のために特別に支出した費用（研究開発費を除く）を処理する。経常的性格の費用を含まない。支出年度に費用処理することが望ましい。
〔負債〕 流動負債	支払手形			通常の事業取引に基づいて発生する手形債務を処理する。固定資産の購入、建設やリース手形は「設備支払手形」勘定で処理する。
	買掛金 （仕入未払金）			仕入先との間の通常の事業取引に基づいて発生した未払金を処理する。
	短期借入金			返済期限が1年内に到来する借入金を処理する。金銭消費貸借契約によるものの他、手形借入金、当座借越など。
	1年内返済予定の長期借入金			長期借入金のうち返済期限が1年内に到来するものを処理する。
	短期組合員借入金			返済期限が1年内の組合員借入金を処理する。
	1年内返済予定の長期組合員借入金			長期組合員借入金のうち返済期限が1年内に到来するものを処理する。
	短期リース債務			ファイナンス・リース取引において1年内に期限の到来するリース債務を処理する。
	未払金			通常の事業取引に関連して発生する未払金で、短期間に支払われるもの(電気、ガス、水道料金、広告料等の未払額で、給付が完了もしくは支払期日の到来したもの)及び固定資産や有価証券の購入、その他通常の事業取引以外の取引により発生したものを処理する。
	未払法人税等			納税義務の発生した法人税、住民税、事業税の未払債務を処理する。
	未払消費税等			納税義務の発生した消費税、地方消費税の未払債務を処理する。
	未払割戻金			出資配当、利用割戻しの未払額を処理する。
	未払費用			継続的な役務の提供を受けている場合に、決算日までにすでに提供された役務に対していまだその対価の支払が終わらないものを処理する。

第1章

第2章

第3章

第4章

第5章

第6章

資料

区　分	大科目	小科目	福祉事業細目	摘　　要
	前受金	前受金		商品や製品の対価の前受代金を処理する。
		商品券		商品券を発行している場合に、この勘定で処理する。
	預り金	預り金		源泉所得税、住民税、社会保険料などの預り金を処理する。後日返還することを条件として預かった金銭で、短期間に返還されるものも含まれる。
		出資預り金		増資のために受け取った金銭で、１口の金額に満たないものを処理する。
		役職員預り金		役員、職員から後日返還することを条件として預かった金銭で、短期間に返還されるものを処理する。
	資産除去債務			有形固定資産の取得、建設、開発または通常の使用によって生じ、その「除去」に関して法令または契約で要求される法律上の義務およびそれに準ずるもので、履行義務期限が1年以内のものを処理する。
	賞与引当金			定期に支給する職員の賞与にかかる引当金を処理する。
	ポイント引当金			供給促進を目的に、利用高等を対象に付与したポイントにかかる引当金を処理する。
	設備支払手形			固定資産の建設、購入、リース等の代金の支払いとして振り出した手形を処理する。
	その他	預り保証金		短期の事業上の保証金その他の保証金を処理する。
		仮受金		金銭を受け入れた際に、その相手科目が不明な場合にとりあえずこの科目で処理する。期末には、原則としてゼロにしなければならない。
		仮受消費税等		期中に発生した課税売上取引にかかる消費税額、地方消費税額を処理する。期末には、原則としてゼロにしなければならない。
		リース資産減損勘定		所有権移転外ファイナンス・リース取引を例外的に賃貸借処理をする場合に生じる科目であり、資産又は資産グループもしくはより大きな資産グループの帳簿価額に組み入れたリース資産に配分された減損損失を処理する。この勘定は、リース契約の残存期間で取り崩す（定額法）。
固定負債	長期借入金			返済期限が１年を超えて到来する借入金を処理する。返済期限が１年内になったときは、「１年内返済予定の長期借入金」として流動負債へ振り替える。
	長期組合員借入金			組合員から集団的、大量に資金の調達を行うために発生する債務を処理する。返済期限が１年

区　分	大科目	小科目	福祉事業細目	摘　　要
				内になったときは、「1年内返済予定の長期組合員借入金」として流動負債へ振り替える。
	長期リース債務			ファイナンス・リース取引において1年を超えて期限の到来するリース債務を処理する。
	資産除去債務			有形固定資産の取得、建設、開発または通常の使用によって生じ、その「除去」に関して法令または契約で要求される法律上の義務およびそれに準ずるもので、履行義務期限が1年を超えるものを処理する。
	退職給付引当金			職員の退職の場合に支給すべき退職一時金及び適格退職年金等の退職給付債務の引当金を処理する。退職金及び適格退職年金等の掛金の支払いは、この勘定で処理する。
	役員退職慰労引当金			役員の退職の場合に支給すべき退職金の準備のための引当金を処理する。
	繰延税金負債			税効果会計における将来加算一時差異等に対して計上する負債を計上する。ただし、繰延税金資産がある場合には相殺した金額を記載する。
	その他	預り保証金		事業上の保証金その他の保証金を預かっている場合に、返済期限が1年を超えて到来するものを処理する。返済期限が1年内になったときは、流動負債に記載する。
		長期未払金		未払金のうち、その支払期限が1年を超えて到来するものを処理する。支払期限が1年内になったときは、流動負債に記載する。
		リース資産減損勘定		リース資産減損勘定のうち、1年を超えて取り崩されるものを処理する。
[純資産] 組合員資本（会員資本）	出資金			生協法第16条に定める法定資本の増減を処理する。
	未払込出資金			定款において、出資1口につき分割払込制度を定めている生協が、未払込出資額を処理する。
	法定準備金			生協法第51条の4第1項に定める準備金を処理する。
	福祉事業積立金			福祉事業に関して毎事業年度に剰余を生じた場合に、前事業年度の繰越損失金をうめ、さらに法定準備金及び教育事業等繰越金を控除した後、なお残余があるときに積み立てる。
	任意積立金			定款の規定もしくは総（代）会の決議によって積み立てる金額のうち、法定準備金及び福祉事業積立金以外のものを積み立てる。たとえば、新築積立金、記念事業積立金、別途積立金等。任意積

区　分	大科目	小科目	福祉事業細目	摘　　要
				立金の積み立て、取り崩しは、剰余金処分案において行う（ただし、目的のある任意積立金をその目的使用したときの取り崩しは、損益計算書において行う）。
	当期未処分剰余金（当期未処理損失金）	繰越剰余金（繰越損失金）		当期未処分剰余金（当期未処理損失金）を総（代）会の決議によって処分（又は処理）した残額を処理する。繰越剰余金には、教育事業等繰越金が含まれる。
		当期剰余金（当期損失金）		当期の総収益から総費用を差し引いた剰余金（損失金）を処理する。
評価・換算差額等	その他有価証券評価差額金			その他有価証券を評価替えすることにより生じた差額を処理する。
	繰延ヘッジ損益			時価評価されているヘッジ手段にかかる損益又は評価差額をヘッジ対象にかかる損益が認識されるまで純資産の部に繰延ヘッジ損益として繰り延べる場合に処理する。

損益計算書勘定科目内訳表

区　分	大科目	小科目	福祉事業細目	摘　　要
事業収益	供給高	商品供給高		組合員に提供した商品、サービスの金額を処理する。 ①食堂、DPE、クリーニング、プレイガイド、自動販売機の供給を含む。 ②原則として、テナントの供給高を含む。定額をテナントから受け取る場合には、「その他事業収入」として処理する。
		製品供給高		生産事業を行っている場合に、組合員に提供した製品の金額を処理する。
		指定店供給高		職域生協などで指定店を通じての供給高を処理する。
	利用事業収入			組合員の生活に有用な協同施設を有し、組合員に利用せしめる事業による収入を処理する。たとえば、カルチャーセンター、理美容、保育所等。
	福祉事業収入		介護報酬収入	介護保険制度に基づく保険料、公費等による介護費等の収入を処理する。
			自立支援費収入	障害者自立支援法に基く給付費、公費による介護費などの収入を処理する。
			利用者負担収入	介護保険制度及び自立支援制度に基づく利用者本人の負担による収入を処理する。
			福祉供給高	利用者に供給した福祉用品等の金額を処理する。
			その他の事業収入	生協が独自に行う事業収入や市町村等からの受託収入などを処理する。
	その他事業収入	教育文化事業収入		教育文化事業にかかる収入を処理する。
		配達手数料収入		無店舗事業における組合員からの配達にかかる手数料収入を処理する。
		共済受託収入		受託共済事業を行っている場合の受託手数料収入を処理する。
		不動産賃貸収入		店舗事業等におけるテナントからの家賃収入を処理する。
		その他受取手数料		その他事業収入のうち、教育文化事業収入、配達手数料収入、共済受託収入、不動産賃貸収入以外のものを処理する。
供給原価	仕入高	仕入高		商品の仕入高を処理する。
		仕入費用		仕入運賃、荷役費、運送保険料、購入手数料、関税等の外部副費及び買入事務、検収、整理等の費用、事業所間の移管費用、保管費用等の内部副費を処理する。内部副費が商品の購入代価の3％以内の金額であるときは、この勘定に含めなくて

区　分	大科目	小科目	福祉事業細目	摘　　要
				もよい。
		仕入割戻し		一定期間に多額又は多量の取引をした場合に仕入先から受ける仕入代金の返戻額等を処理する。
		他勘定振替高		商品、製品を固定資産、会議費、事務用品等に転用した場合に処理する。
	製品製造原価	材料費		生産事業に関する原材料の消費高を処理する。
		労務費		生産事業に関する人件費を処理する。
		経費		生産事業に関する物件費を処理する。
利用事業原価	利用事業原価			利用事業収入の原価をこの勘定で処理する。生協が自営している場合には、供給事業の仕入高に相当する消耗品その他の原価を処理する。テナント等に委託している場合には、テナント等に支払う金額を処理する。
福祉事業費用	福祉事業費用		人件費	福祉事業の各事業所の全ての人件費を処理する。職員給与、定時職員給与、契約職員給与、退職給付費用、福利厚生費など。
			物件費	福祉事業の各事業所の全ての物件費を処理する。食材費、保健衛生費、広報費、車両運搬費、施設管理費など。
			福祉供給原価	福祉供給高の原価を処理する。
事業経費人件費	役員報酬			理事、監事に対して支払われる給与を処理する。総（代）会決議で、「報酬には、使用人兼務役員の使用人に対するものを除く」と定めているときは、使用人分の給与は、「職員給与」として処理する。
	職員給与	職員給与		職員に支払われる給与、手当を処理する。
		職員賞与		職員に支払われる賞与を処理する。
		その他給与		生協の顧問、相談役等に支払われる手当を処理する。
	定時職員給与	定時職員給与		パートタイマー、アルバイター等労働時間が通常より短い職員に支払う給料、手当、交通費等を処理する。
	定時職員賞与			定時職員に支払われる賞与を処理する。
	退職給付費用			退職一時金及び適格退職年金等の退職給付債務の当期引当額を処理する。適格退職年金等以外の退職年金掛金等もこの勘定で処理する。
	福利厚生費	法定福利費		社会保険料の事業主負担分を処理する。
		厚生費		職員の医療、保健、衛生、慰安、慶弔等に要す

202

区　分	大科目	小科目	福祉事業細目	摘　　要
				る費用を処理する。
	役員退職慰労引当金繰入額			役員に対する退職慰労引当金の当期引当額を処理する。
	賞与引当金繰入額			職員に支給する賞与のうち、その支給額をあらかじめ見積り、その事業年度の負担すべき金額を処理する。
	派遣人件費			派遣労働契約に基づいて支払う派遣委託料を処理する。
事業経費 物件費	教育文化費	教育文化費		組合員の教育、文化活動に要する費用を処理する。組合員を対象とした講演会、学習会、研究会、機関紙、パンフレット等。
		組合員活動費		組合員組織の運営、諸活動に要する費用を処理する。班運営費,組織委員会、運営委員会、地区別総代会議等の会議、諸活動のための費用等。
	広報費	広報費		生協を広く知らせるために要する費用を処理する。新聞、雑誌、看板、ポスター等の広報の費用及び加入促進のための諸費用。
		事業広報費		組合員に対する商品の宣伝のための費用を処理する。商品の案内、チラシ、カタログ、暮らしの情報等の制作諸費用。
	消耗品費	消耗品費		耐用年数1年未満又は取得価額20万円未満の業務用消耗品の購入費用を処理する。蛍光灯、仕分箱、ドライアイス等。
		事務用品費		耐用年数1年未満又は取得価額20万円未満の事務用品の購入費用を処理する。文房具、伝票、コピー用紙、机、椅子等。
		電算消耗品費		電算関係の消耗品を処理する。
		包装費		商品の包装に要する費用を処理する。包装紙、スーパーバッグ、セロテープ、ビニール袋、リボン、ひも、トレーラベル、保冷ケース等。
	車両運搬費	車両運搬費		自己所有車両にかかる費用(減価償却費を除く。燃料費、修理費、車検費用、自動車保険料等)及びリース車両にかかる燃料費等を処理する。
		委託運搬費		委託運送料等を処理する。
	貸倒引当金繰入額			事業上の取引に基づいて発生した債権にかかるものの貸倒引当金の当期繰入額を処理する。
	ポイント引当金繰入額			ポイント引当金の当期繰入額を処理する。

区　分	大科目	小科目	福祉事業細目	摘　　要
	修繕費			有形固定資産（車両を除く）の維持、修理のための費用を処理する。
	施設管理費	施設管理費		施設の保安警備の費用を処理する。警備保障料等。
		衛生費		衛生、清掃費用を処理する。ごみ処理、清掃、防虫、防鼠等の費用。
	減価償却費			減価償却資産について当期に償却した金額を処理する。
	地代家賃			土地又は建物の賃借料を処理する。
	リース料	リース料		「リース取引に関する会計基準」に基づき、オペレーティング・リース取引で賃貸借処理を行う場合、また所有権移転外ファイナンス・リース取引のうち少額リース資産及び短期のリース取引にかかるもので賃貸借処理を行う場合に処理する。
		電算リース料		コンピュータ及びソフトウエアなどのリース料を処理する。
		車両リース料		車両のリース料を処理する。共同購入事業に使用する車両のリース料などが含まれるが、「リース取引に関する会計基準」に基づき売買処理するものは除かれる。
	水道光熱費			水道、ガス,電気、重油その他の燃料代等に要する費用を処理する。
	保険料			固定資産、棚卸資産に対する火災保険料、傷害保険、盗難保険その他の損害保険料（自動車保険料を除く）を処理する。
	委託料	委託料		業務の一部を他に委託することにより支払う費用を処理する。計算事務その他事務委託費、振込手数料、供給事務手数料、弁護士、公認会計士、税理士等に支払う顧問料等。
		分担費		連帯事業等の分担費用を処理する。
	研修採用費	研修費		役職員の教育学習に要する費用を処理する。内部研修会、外部講習会等の参加費、旅費、生協内報の費用等。
		採用費		職員の募集、採用に要する費用を処理する。募集広告費,面接費、赴任旅費等。
	調査研究費			市場調査、商品検査、研究開発等の費用、新聞、雑誌等の購入費用を処理する。
	会議費			経営内部会議の費用、機関会議（総(代)会、理事会、常務理事会等）の費用、連合会等の会議に出席するための費用を処理する（外部との打ち合わせにおいて通常供与される昼食の程度を超えない飲食物等の接待に要する費用を含む）。

区　分	大科目	小科目	福祉事業細目	摘　　要
	諸会費			連合会その他の団体に対する会費を処理する。
	渉外費			業務上必要な渉外のために要する費用を処理する。
	租税公課			国税、地方税を処理する（法人税、住民税、事業税を除く）。
	通信交通費	通信費		通信のために要した費用を処理する。電話料、電報料、郵便切手、ハガキ、封筒等。
		旅費交通費		業務を遂行するために出張した場合の旅費や近距離における交通費を処理する（教育文化費、会議費、研修採用費に該当するものを除く）。航空、船舶、電車、バス、タクシー等の料金、日当、宿泊費等。
	雑費	寄付金		地方公共団体等への寄付金を処理する。
		雑費		物件費のいずれにも属さない経費で重要でないものを処理する。重要な場合は、区分して記載する。
事業外収益	受取利息			預貯金の利子、公社債の利子、貸付金の利子を処理する。これらは、実際入金手取額ではなく、源泉所得税等控除前の金額で記載する。
	受取配当金			連合会、労金等の関係団体から受ける出資配当金および子会社等から受ける配当金を処理する。実際入金手取額ではなく、源泉所得税控除前の金額で記載する。
	雑収入			連合会,労金等の関係団体から受ける事業分量配当、商品との因果関係のない仕入割戻し、その他の収益で金銭的に重要性の乏しいものを処理する。
	貸倒引当金戻入益			貸倒引当金残高を取り崩した場合に処理する。事業外費用のマイナスまたは事業経費のマイナスとして処理することもできる。
事業外費用	支払利息			借入金、組合員借入金に対して支払う利子を処理する。
	繰延資産償却			創業費、開発費の償却額を処理する。創業費、開発費は、その支出後5年以内に毎期において均等額以上の償却を行わなければならない。
	雑損失			事業外費用のいずれにも属さない費用で金銭的に重要性の乏しいものを処理する。
	貸倒引当金繰入額			事業上の取引以外の取引に基づいて発生した債権に係るものの貸倒引当金の当期繰入額を処理する。
特別利益	固定資産売却益			土地、建物等の固定資産を売却したことにより生じる利益を処理する。売却に伴う斡旋手数料等

区　分	大科目	小科目	福祉事業細目	摘　　要
				の諸費用は売却益から控除する。金額が僅少なときは、事業外収益に含めることができる。
	補助金収入			国、地方公共団体などからの補助金を処理する。
	その他の特別利益			設備の廃棄による利益、転売以外の目的で取得した有価証券その他の資産の売却または処分による利益などを処理する勘定である。金額が僅少なものは事業外収益に含めることができる。 （注）　2012年3月の生協法施行規則の改正により、「会計上の変更および誤謬の訂正に関する会計基準」に関する規定が行われ、企業会計と同様、原則として前期損益修正損益の計上は認められない。ただし、生協法施行規則第94条第7項および第8項において規定されている前期損益修正益および前期損益修正損項目は削除されていない。これは、過年度事項であっても災害時のような異常事態に「会計上の変更および誤謬の訂正に関する会計基準」を適用することが不可能な場合を想定し、存続させているものである。
特別損失	固定資産売却損			固定資産を売却した場合に、売却代価が簿価を下回るときに発生する損失を処理する。金額が僅少なときは、事業外費用に含めることができる。
	固定資産除却損			固定資産を除去した場合に発生する損失を処理する。金額が僅少なときは、事業外費用に含めることができる。
	減損損失			減損損失金額を処理する。
	役員退職慰労金			毎期継続的に発生し、金額的にも重要性が僅少なときは、事業外費用に含めることができる。
	その他の特別損失			設備の廃棄による損失、転売以外の目的で取得した有価証券その他の資産の売却または処分による損失、災害、事故など偶発的事情による損失などを処理する勘定である。金額が僅少なものは事業外損失に含めることができる。 （注）　上記「その他の特別利益」の（注）と同様。
法人税等	法人税等			当期の税法上の課税所得に対して納付すべき法人税、住民税、事業税を処理する。前期以前の負担に係る税額および還付税額が重要なときは、当期の法人税等とは区分して記載する。
	法人税等調整額			税効果会計における法人税等の調整額を処理する。
当期剰余金（当期損失金）	当期剰余金（当期損失金）			当期の総収益から総費用を差し引いた剰金金（損失金）を処理する。

区　分	大科目	小科目	福祉事業細目	摘　　要
損益計算書末尾	当期首繰越剰余金（当期首繰越損失金）			当期未処分剰余金（当期未処理損失金）を総（代）会の決議によって処分（または処理）した残額を処理する。当期首繰越剰余金には、生協法の規定に基づく教育事業等繰越金が含まれる。
	会計上の変更による影響額			会計上の変更による遡及適用を行った場合に、当期首繰越剰余金（当期首繰越損失金）に対する累積的影響額および遡及適用後の当期首繰越剰余金（当期首繰越損失金）を区分表示するための項目である。
	過去の誤謬の訂正による影響額			誤謬の訂正による修正再表示を行った場合には、当期首繰越剰余金（当期首繰越損失金）に対する累積的影響額および修正再表示後の当期首繰越剰余金（当期首繰越損失金）を区分表示するための項目である。
	福祉事業積立金取崩額			福祉事業積立金の目的取り崩しを処理する。
	任意積立金取崩額			目的のある積立金の目的に従った取崩額を処理する。
	当期未処分剰余金（当期未処理損失金）			当期剰余金（当期損失金）に当期首繰越剰余金（当期首繰越損失金）、目的のある積立金でその目的に従った取崩額を加えた剰余金（損失金）を処理する。

【索 引】

*本索引では重要な用語を選抜し、主たる掲載頁を記載しました。

2020年4月【改訂版】入門 生協の経理実務 —伝票式会計—

[発 行 日] 2020年4月10日　初版1刷
[検印廃止]
[編　　　者] 日本生活協同組合連合会
[発 行 者] 藤井喜継
[発 行 元] 日本生活協同組合連合会
　　　　　　〒150-8913　東京都渋谷区渋谷3-29-8　コーププラザ
　　　　　　TEL 03-5778-8183
[制　　　作] 株式会社晃陽社
[印　　　刷] 日経印刷株式会社

Printed in Japan
ISBN978-4-87332-340-4　　　　　　　　　　　　落丁本・乱丁本はお取り替えいたします。